고객을 감동시키는
마법의 대화법

OKYAKUSAMA WO KANDOU SASERU MAHOU NO
HANASHIKATA
ⓒ 2005 Junko Murofushi
Originally published in Japan in 2005
by CHUKEI PUBLISHING COMPANY
Korean translation rights arranged through
TOHAN CORPORATION, TOKYO.,
and SHINWON AGENCY, PAJU.

Korean translation Copyrights ⓒ 2006
by Joongang Economy Publishing Co.

이 책의 한국어판 저작권은 신원에이전시를 통한
저작권자와의 독점계약으로 중앙경제평론사에 있습니다. 신저작권법에 의해
한국 내에서 보호를 받는 저작물이므로 무단전재와 복제를 금합니다.

고객을 감동시키는 마법의 대화법

무로후시 준코 지음 | 정택상 옮김

중앙경제평론사

책머리에 PREFACE

 이 책에서는 '고객을 감동시키는 세일즈맨'이 되고자 하는 모든 분께 커뮤니케이션 스킬을 알기 쉽게 해설했다. 세일즈가 비즈니스를 창조하는 것이라고 정의한다면, 비즈니스를 창조하는 모든 사람이 커뮤니케이션이 가진 힘을 어떻게 사용해야 하이퍼포머(high-performer)가 될 수 있는지 구체적으로 소개했다.

 지금까지 수백 개의 일류 기업, 2만 명 이상의 비즈니스맨의 커뮤니케이션 교육에 참여하면서 느낀 것은 비즈니스는 커뮤니케이션이 창조한다는 점이다. 커뮤니케이션이란 말하거나 행동하는 일, 즉 밖에서 볼 수 있는 것이지만, 사실은 보이지 않는 내면의 심리와 밀접하게 관련되어 있다. 이들이 모두 같은 벡터를 가질 때 고객을 감동시키는 거대한 에너지가 생겨날 수 있다.

이 점을 짚으면서 이 책에서는 고객의 심리에서부터 실타래를 풀고, 고객의 심리를 이해한 바탕 위에 어떻게 도움을 주어야 좋을지 생각하며, 그것을 어떻게 표현하는 것이 효과적인지 비즈니스 현장에서 즉시 사용할 수 있도록 해설했다.

여러분은 매일 커뮤니케이션의 힘을 얼마나 사용하는가? 비즈니스맨을 대상으로 실시하는 워크숍이 끝나면, 즉시 실천한 분들에게서 메일이 많이 온다. 그중 A씨가 보낸 메일을 소개한다.

어제, 오늘 강의를 들은 ○○주식회사의 A라고 합니다. 이번 워크숍에서는 매우 유의미한 시간을 보냈는데요, 그점 정말 감사드립니다.

어제도 말씀하셨습니다만, 현재 저는 고객이 무리하게 스케줄 변경을 의뢰할 때마다 어떻게 대처해야 할지 아주 곤란합니다.

워크숍 종료 후 그 고객과 전화로 교섭해야만 했는데, 워크숍에서 했던 ××의 스킬을 의식적으로 사용했더니, 강경하게 변경을 의뢰하던 고객의 목소리가 갑자기 부드러워지면서 원래 스케줄대로 해도 좋다고 했습니다.

커뮤니케이션 한마디를 바꾸는 것만으로 정반대의 결과가 나타났다는 사실에 무척 놀랐습니다. 또한 버거운 고객이었는데 스킬을 사용할 수 있었던 것을 생각하면, 무엇보다 먼저 수용하고, 전향적으로 달려들면 새로운 전개가 이루어진다는 점을 깨달았습니다. 앞으로도 이렇게 착실하게 한 걸음 한 걸음 나아가야겠다고 생각했습니다.

그리고 얼마 지나면 그들이 특진했다거나 수상했다는 소식을 듣거나, 잡지에서 인터뷰하는 모습을 보는 일도 종종 있다.

이 책에서 설명하는 '마법의 대화법'의 스킬의 배경에는 많은 선인과 학자들의 지혜가 담겨 있다. 그리고 그것을 업무에서 활용해온 많은 비즈니스맨의 실천이 이것을 더욱 갈고닦아왔다.

내 일은 이러한 스킬을 현실의 과제로 보여주고, 알기 쉽도록 풀어내는 전달자 역을 하는 것이다. 이 책을 손에 쥔 여러분이 책을 읽으면서 자기에게 유용한 핵심을 흡수하고, 구체적인 표현 방법을 반복적으로 사용해 몸에 익힌 뒤, 자기 인생의 스토리를 원하는 방향으로 전개시키고 풍요로운 열매를 거두기 바란다.

 이 글의 내용을 자기 스토리로 읽는다면, 커뮤니케이션의 진정한 힘을 익힐 수 있을 것이라고 확신한다.

무로후시 준코

차례 CONTENTS

책머리에 5

1장 처음 만난 고객의 마음을 잡는 대화법

고객의 심리 카운슬러가 되면 영업은 저절로 된다 17
제안형 영업은 어떻게 가능할까? | 세일즈 퍼슨은 '판매하는 일'을 하지 않는다 | 세일즈 퍼슨이 해야 할 '도와주기' | **마법의 대화법**

처음 만나 1분 안에 마음을 잡는다 : ① 마법의 리스트 23
고객의 머릿속을 볼 수 있으면 두렵지 않다 | 마법의 리스트 사용법 | 마법의 리스트의 효과 | **마법의 대화법**

처음 만나 1분 안에 마음을 잡는다 : ② 본론으로 들어가기까지 29
명함 교환에서 차가 나올 때까지 | 무엇을 말할 것인가 | 왜 말하는가 | 어떻게 말할 것인가 | **마법의 대화법**

잡담을 할 것인가 말 것인가 판단한다 35

잡담하다가 야단맞았다 | 인간관계 중시파와 업무 중시파 | **마법의 대화법**

이런 대화법을 쓰면 잘 된다 40

자기 버릇대로 말하지는 않는가 | '4가지 타입'의 말버릇 | 고객 타입별 공략법 | **마법의 대화법**

신뢰받을 수 있는 예의범절, 존댓말, 비즈니스 용어 46

상담이 시작될 때 이미 승부는 결정났다 | 고객의 마음을 잡는 선 자세 | 고객의 마음을 잡는 걷는 자세 | 고객의 마음을 잡는 인사 자세 | 몰라서 묻기 전에 알아두어야 할 말 | 세일즈 퍼슨은 이런 것도 신경 써야 한다 | **마법의 대화법**

2장 고객이 마음을 여는 듣는 법, 말하는 법

고객이 이야기를 계속하게 하려면 이렇게 한다 57

성공하는 데이트 유혹법에서 배운다 | 태스크가 있다면 일방적으로 대화를 계속하려는 심리 | **마법의 대화법**

고객과 협상은 '5가지 키워드'로 할 수 있다 62

예상 밖의 전개에 낭패하지 않기 위해서 | 사이몬의 정의 | 상담에 성공하기 위한 '5가지 키워드' | **마법의 대화법**

질문하는 법은 이렇게 구별한다 66

질문과 심문의 차이를 알아둔다 | 5W1H를 잘 사용하는 테크닉 | 개방 질문과 폐쇄 질문을 잘 구별하여 사용한다 | 자기의 말버릇을 알

고 궁리한다 | 마법의 대화법

현장의 분위기는 이렇게 파악한다 71

분위기를 읽는 2가지 포인트 | 메라비언의 법칙으로 분위기를 읽는다 | 간접 질문으로 분위기를 읽는다 | 마법의 대화법

'한 걸음 더 파고드는 상담'은 이렇게 한다 76

2가지 성공 포인트 : ① 목표를 듣는 방법 | 2가지 성공 포인트 : ② 질문의 방향 | 마법의 대화법

유능한 세일즈 퍼슨은 누구와도 상담할 수 있다 80

고객이 세일즈 퍼슨에게 요구하는 것 | 앞으로의 고객이 세일즈 퍼슨에게 기대하는 것 | 마법의 대화법

잘 듣는 세일즈 퍼슨은 이것이 다르다 ① 85

무엇을 들을 것인가 | 고객 타입별 '소리'를 파악한다 | 고객 타입별 '태도·표정'을 파악한다 | 이야기를 듣고 있다는 것을 고객에게 알리려면 | 마법의 대화법

잘 듣는 세일즈 퍼슨은 이것이 다르다 ② 91

말이 빗나갔다, 어떻게 할까 | 대화하면서 메모하는 요령 | 마법의 대화법

3장 고객이 '사고 싶다!'고 말하게 되는 대화법

고객에 대한 '오리지널 한정 제안서'를 만들자 99

오리지널이란 '그 고객 한정'인 것 | 고객은 '좋은 상품'이라서 사는 게 아니다 | 고객의 수요에 따라 제안한다 | **마법의 대화법**

'어려운 것'을 '쉽게' 전달해야 고객이 듣는다 106

전문용어가 서너 개만 나오면 듣고 싶지 않다 | 전문용어는 이렇게 사용한다 | FAB+E를 주변 사물로 만들어본다 | **마법의 대화법**

프레젠테이션할 때 처음 1분은 이렇게 말한다 110

처음 하는 말이 '유머'라면 위험하다 | 자극적인 타입의 질문은 이렇게 | 부드러운 타입의 질문은 이렇게 | **마법의 대화법**

프레젠테이션에서 아젠다를 쓰면 계약까지 순탄하다 115

아젠다를 제시하면서 모든 것이 시작된다 | 아젠다란 무엇인가 | 아젠다의 효과와 요소를 파악한다 | **마법의 대화법**

1시간을 최대한 활용하는 말의 얼개 짜기 120

시간 배분 때문에 비극을 부르지 않기 위해서 | 1시간은 이렇게 구성한다 : 도입 | 1시간은 이렇게 구성한다 : 본론 | 1시간은 이렇게 구성한다 : 결론 | 중요한 것은 쌍방향으로 진행한다는 점 | **마법의 대화법**

생각을 전달하는 '마법의 눈맞춤' 127

눈맞춤을 최대한 활용하고 있는가 | 눈맞춤은 이렇게 하면 더 좋다 | **마법의 대화법**

좋지 않은 말버릇, 이렇게 고친다 134

말버릇 체크 포인트 | 개선의 숨은 기술, 이것이 포인트 | **마법의 대화법**

고객이 즐겁게 'Yes'라고 하는 프레젠테이션을 하는 방법 139

프레젠테이션의 목적과 목표를 명확히 한다 | 'Yes'라는 말을 들으며 시작하는 방법 | 'Yes'라는 말을 들으며 정리하는 방법 ① | 'Yes'라는 말을 들으며 정리하는 방법 ② | **마법의 대화법**

다시 한 번 확인하지 않는 편이 유리하다 146

'밀어붙이면 도망간다'가 고객의 마음 | '밀어붙이는' 것 대신에 할 일 | '일'과 '감정'의 양면에서 작용한다 | **마법의 대화법**

생각한 대로 고객의 회답을 받지 못하면 이렇게 한다 152

견적서를 한 회사에 한 달 동안 10통을 냈는데도 답장이 전혀 없다 | 세일즈 퍼슨은 세 가지 방법으로 대응할 수 있다 | 윈윈 관계를 구축하는 DESC법 | **마법의 대화법**

4장 고객이 감동하는 대화법 익히기

부하 직원을 말 잘 듣게 바꾸는 마법의 대화법 163

요즘 부하 직원은 말을 잘 듣지 않는다? | 커뮤니케이션 기술 연마 방법 | 부하 직원의 귀에 들리는 말과 들리지 않는 말 | 6가지 퍼스낼리티와 자주 사용하는 말 | **마법의 대화법**

이렇게 하면 부하 직원이 능력을 200퍼센트 발휘한다 170

칭찬으로 사람을 움직인다 | 구체적으로 칭찬하면 쑥스럽지 않다 | 칭찬하여 사람을 기른다 | 칭찬을 잘 하려면 칭찬을 많이 받아야 한다 | **마법의 대화법**

부하 직원에게 동기를 부여하는 마법의 칭찬법, 질책법 177

칭찬하는 말은 한마디로는 부족하다 | 칭찬법은 6가지 퍼스낼리티를 고려해서 | 심리적 욕구를 만족시킨다 | 하려는 기분이 들게 하는 질책법(지적하거나 금지하는 방법) | **마법의 대화법**

부하 직원에 대한 불안에는 이렇게 대처한다 185

부하 직원을 질책하는 것이 두렵다 | 자기 존중 | 자기 취급설명서를 만든다 | **마법의 대화법**

부하 직원이 말하게끔 하는 질문은 이렇게 한다 191

물어도 부하 직원이 대답하지 않는다 | 이런 '태도와 표정'이 힐문이라 느끼게 한다 | 이런 '소리'가 힐문이라 느끼게 한다 | 이런 '말'이 힐문이라 느끼게 한다 | **마법의 대화법**

영업팀의 힘을 높이는 리더의 3대 원칙 197

팀의 시너지 효과를 높인다 | 성공의 비결은 '4가지 철학' | 성공하는 리더의 3대 원칙 | **마법의 대화법**

PMD법으로 팀 전체의 행동 계획력을 높인다 204

회의 때문에 소모되지는 않는가 | 그 회의는 정말로 필요한가 | 모든 사람의 의견이 15분 안에 나오게 하는 PMD법 | PMD법은 이렇게 한다 | **마법의 대화법**

맺음말 210

1장

처음 만난 고객의 마음을 잡는 대화법

고객의 심리 카운슬러가 되면
영업은 저절로 된다

★ 제안형 영업은 어떻게 가능할까?

 제안형 영업이라는 말과 컨설팅 영업이라는 말을 가끔 듣는다. 많은 회사에서 독자적인 제안형 영업의 프로세스를 만들고, 각 프로세스에서 세일즈 퍼슨은 구체적으로 무엇을 할 것인가, 그 결과 고객이 어떠한 행동을 보이면 프로세스가 완료된 것으로 판단해야 하는가 등과 같은 영업의 사고방식이나 영업활동의 프로세스를 만들고 있다.

 제안형 영업은 고객이 왜 사지 않는가 하는 점을 분석한 결과, 다음 4가지 이유에서 구매하지 않는다는 것을 인식하고, 그것에 기초하여 4가지 프로세스를 만들어내면서 처음 시작되었다.

▷ 고객이 구매하지 않는 4가지 이유

① 세일즈 퍼슨이나 그 회사, 점원이나 점포를 신뢰할 수 없다.
② 자기에게는 원하는 것이나 필요성, 즉 확실한 수요가 없다.
③ 제안하거나 권하는 물건이 자기에게 어울린다고 생각하지 않는다.
④ 지금 여기에서 결정하고 싶지 않다. 경솔하게 결정해서 나중에 후회하는 것도 싫다.

이렇게 고객이 구매하지 않는 4가지 이유를 스스로 뛰어넘을 수 있도록 도와주는 것이 제안형 영업이다.

✦ 세일즈 퍼슨은 '판매하는 일'을 하지 않는다

제안형 영업에서 세일즈 퍼슨이 할 일은 '판매하는 것'이 아니라, 어디까지나 고객이 구매하지 않는 이유를 뛰어넘을 수 있도록 도와주는 것이다. 최근에 '영업은 심리 카운슬러와 비슷하다'는 소리를 자주 듣는 것은 그러한 이유 때문이다.

'쇼핑이 즐겁다!'라고 하는 사람은 많지만, '강제로 파는 것이 즐겁다!'라고 하는 사람은 없다. 그렇다면 세일즈 퍼슨도 '강제로 판다'는 것이 아니라, '고객이 기분 좋게 쇼핑하는 것을 돕는다'는 자세로 임한다면 윈윈(WIN-WIN) 관계가 구축될 수 있다.

★ 세일즈 퍼슨이 해야 할 '도와주기'

그렇다면 세일즈 퍼슨은 어떻게 도와주어야 할까?
'4가지 이유'에 대해서 다시 생각해보자.

① 세일즈 퍼슨이나 그 회사, 점원이나 점포를 신뢰할 수 없다.

이런 이유로 구매하는 것을 꺼리는 고객에게 상품 설명을 아무리 잘해도, 손에 잡히는 프레젠테이션을 하여도 귀를 기울이지 않는 것은 처지를 바꾸어 생각하면 당연한 일이다.

여기에서는 고객이 안심하고 상담하게 하기 위해서 자신이나 회사, 점포에 대해 알려주거나, 편하게 대화를 꺼내도록 유도하기 위해서 첫 만남의 어색함을 해소해 고객이 입을 열게 하기 위한 액션을 취하는 것이 필요하다.

② 자기에게는 원하는 것이나 필요성, 즉 확실한 수요가 없다.

자신이 원하는 것이 명확한 고객은 인터넷이나 통신 판매 등 다양한 방법으로 상품을 구할 수 있다. 그렇지만 고객이 의외로 모르는 것은 자기에게 정말로 필요한 것은 무엇인가, 자기가 무엇을 사길 원하는가 하는 점이다.

그럴 때 상품 지식이나 전문 지식이 풍부한 세일즈 퍼슨이 일단 '파는' 일을 제쳐두고 고객의 상담자로서 좋은 대화 상대가 된다면 고객에게 얼마나 적절한 도움이 될까. 그러한 스타일로 영업 활동을 하면 '판매자 대 구매자'라는 대립관계에 서지 않고서 컨설턴트, 카운슬러로서 고객에게 유용한 일을 할 수 있다.

③ 제안하거나 권하는 물건이 자기에게 어울린다고 생각하지 않는다.

객관적으로 봐서 그 상품이 고객에게 정말 잘 어울리며, 고객의 문제를 해결하는 것이라고 해도 '정말로 내게 딱이야!'라고 생각하지 않는 이상 고객은 사려고 하지 않는다.

'딱이다'라는 것은 두 가지가 잘 맞아떨어질 때 드는

감정이다. 이러한 감정이 구입이라는 행동을 이끌어내는 것이다. 그것을 안다면 한결같이 자사 제품의 장점을 강조하거나, 파워포인트로 멋있게 꾸며 눈에 띄는 프레젠테이션을 해도 그리 효과적이지 않다는 것을 알 수 있을 것이다.

④ 지금 여기에서 결정하고 싶지 않다. 경솔하게 결정해서 나중에 후회하는 것도 싫다.

제안받은 물건이 자기에게 '딱'이라고 해서 고객이 반드시 구입할까? 머리로 생각하면 그렇게 될 법하지만, 자기 경험을 생각해봐도 그렇지 않다는 것을 알 수 있지 않은가?

개인용 PC를 사려는 경우, 자기에게 가장 맞는 기종을 찾아서 막 계산대로 가려는 순간, '기다리자, 조금만 더 기다리면 더 좋은 제품이 나오지 않을까' 하는 기분이 들면서 아무것도 사지 않고 가게에서 그냥 나온 사람도 많을 것이다. 이럴 때 점원이 강하게 사라고 권하면 점점 사기 싫어진다.

비즈니스도 마찬가지다. 무엇을 사려고 할 때 망설이는 것은 누구나 마찬가지며, 개인적이든 비즈니스든 그 심리에는 변화가 없다.

1장 처음 만난 고객의 마음을 잡는 대화법

마법의 대화법

세일즈 퍼슨은 첫 만남에서 계약에 이르기까지 철두철미 '물건을 판다'는 것이 아니라 '고객의 컨설턴트, 카운슬러'로서 행동한다. 곤란한 경우에는 '컨설턴트, 카운슬러라면 여기에서 어떻게 할까?'를 생각하며 행동한다면 어긋나지 않는다.

처음 만나 1분 안에 마음을 잡는다:
① 마법의 리스트

★ 고객의 머릿속을 볼 수 있으면 두렵지 않다

고객을 처음 만날 때는 어떤 기분이 들까?

'오늘 처음 뵙는 ○○님은 어떤 분일까? 좋은 만남이면 좋겠구나!' 하고 두근두근하는 날도 있을 것이다. 하지만 그런 날만 있는 것은 아니다. '첫 만남은 긴장이 돼. 조용히 앉아서 지그시 내가 하는 양을 보는 듯한 고객이라면 어쩌지?' 하고 조마조마하는 날도 있지는 않을까?

두근두근에 공포가 더해지면 조마조마하게 된다. 공포감이 없으면 새로운 만남은 두근두근하는 것이 된다. 첫 만남에 대한 공포감을 조금이라도 줄일 수 있다면 기분이 밝고 경쾌해질 것이다.

그렇다면 첫 만남의 공포는 어디에서 오는 것일까? 역시 처음 만나기 때문에 상대가 어떤 사람이며 무엇을 생각하는지 알 수 없어서 오는 경우가 많다. 여기서 처음 만나는 고객의 머릿속을 알 수 있다면 공포는 줄어들 것이다.

사실 고객이 무슨 생각을 하는지 알기 위해서 세계 다수의 세일즈 퍼슨이 실천하는 것이 있다. 그것은 고객을 처음 만나기 전날 밤(그 이전이라도 상관없다)에 마법의 리스트를 작성하는 일이다.

리스트를 작성할 때는 먼저 한 번도 만난 적이 없는 그 고객이 되어보자. 당신이 상대방이 되어서, 처음 방문한 '당신'을 앞에 두고 있는 상황을 상상해보는 것이다. 고객은 처음 만나는 당신을 어떻게 생각할까?

'너무 젊은데 괜찮을까?'

'이 업계에선 어느 정도 괜찮은 사람일까? 설마 막 전직한 것은 아닐까?'

'요즘 젊은이로 보이는데, 책임감은 강할까?'

'내 처지에서 도와줄만한 사람일까?'

'듣기 좋은 말을 늘어놓으며 뭔가를 억지로 팔지는 않을까?'

고객도 당신과 마찬가지로 마음이 편하면 두근두근하며 상담도 긍정적으로 시작할 수 있고, 불안하면 조마조마하며 상담도 부정적인 모드로 시작하게 된다. 그러므로 만나자마자 고객의 불안을 해소할 수 있다면 좋은 분위기에서 상담을 진행할 수 있다.

즉 고객이 처음 만난 당신에 대해 안고 있을 불안이나 의문을 예측하고, 만나자마자 그것을 해소할 준비를 해둠으로써 첫 만남에서 오는 공포감을 줄일 수 있다.

✦ 마법의 리스트 사용법

그럼, 작성한 마법의 리스트를 어떻게 꺼내면 좋을까? 이것을 실천하고 있는 세일즈 퍼슨의 사례를 소개하겠다.

A씨는 대형 정밀기계를 중근동에 수출하는 일을 하는데, 매월 국내외에서 말이나 문화가 다른 고객을 대상으로 영업 프레젠테이션을 많이 한다. A씨가 자기 프레젠테이션 스킬에 대해 개인 코치를 해달라고 의뢰해서 실제 프레젠테이션 자리에 참석했을 때의 일이다.

회의실에 앉아 있는 고객은 옆자리에 있는 사람과 잡담을 하거나, 프레젠테이션과는 상관없는 자료에 눈길을 주면서 이번 프레젠테이션에 전혀 기대하지 않는다는 표정이었다. 업무라서 억지로 나왔지만 솔직히 듣고 싶어 온 것은 아니다, 바쁜데 빨리 끝내고 돌아가서 일을 하고 싶다는 표정이 역력했다.

A씨와 전에 만난 적이 있는 사람도 있었지만 대부분 첫 만남이었다. 이럴 때 프레젠테이션은 고독한 법이다. 나는 초조해하며 뒤편에서 지켜보았다. 서로 인사가 끝나자 A씨는 한 사람 한 사람에게 눈길을 주듯이 전체를 훑어보고서 천천히 말을 꺼냈다.

○○라는 회사 이름은 그다지 들어본 적이 없는데, 대체 어떤 회사이며 어디에 있는 회사인지 의문을 품고 계시진 않습니까? 또한 너무 젊어 보이는데 커리어는 있는지 불안하게 생각하신 분도 계시지 않을까 합니다. 그래서 본론에 들어가기에 앞서, 회사 소개와 제 소개를 하려 합니다.

이 한마디로 지금까지 지루해하거나 다른 자료에 눈길을 주고 있던 고객들이 고개를 들어 A씨를 주목하기 시작했다. 그리고 그 뒤에는 A씨의 페이스로 상담이 원활하게 진행되었다.

★ 마법의 리스트의 효과

누구나 첫 만남에서는 자기소개나 회사 소개를 한다. 그런데 그것이 인사에 이어지는 당연한 것처럼 시작하는 것과 A씨처럼 '마법의 리스트'에서부터 하나, 둘 꺼내면서 시작하는 것은 차이가 있다.

전자에서 그것은 단지 의례적인 것으로밖에 들리지 않아서 흘려듣기 쉽지만, 후자에서는 똑같은 자기소개나 회사 소개가 '우리(고객)의 의문이나 불안을 A씨가 이해하고 그것에 응해주고 있다'고 들어줄 수 있기 때문이다.

여기에서 A씨가 말한 리스트는,

'○○라는 회사 이름은 그다지 들어본 적이 없는데, 대체 어떤 회사이며 어디에 있는 회사인가?'

'너무 젊어 보이는데 커리어는 있는가?'

하는 두 가지다. 그것에 대해서 정확하게 설명함으로써 고객의 불안을 해소했고, 그 결과 상담이 원활하게 진행되었다. 결국 마법의 리스트를 꺼냄으로써 3가지 일이 일어난 것이다.

① 고객이 A씨를 주목했다.

② A씨가 고객의 처지가 되어서 생각하는 사람이라는 점이 전달되었다.
③ 고객의 불안이나 의문이 해소되었다.

상담이 끝난 뒤 A씨에게 개인 코치를 할 때 마법의 리스트를 잘 사용한 점을 칭찬했더니 '어' 하며 놀랐다. A씨는 이 방법을 누구에게 배운 적도 없고, 유명한 스킬이라는 점도 역시 모른 채 영업활동을 하면서 이렇게 하면 잘 된다는 것을 자연스럽게 익혔다는 것이다.

처음 만난 사람에게 말하는 것이 어려워서 달리 이런저런 궁리를 했는데, 이 방법은 사용하기 쉽고 효과가 눈에 보여서 늘 사용한다고 했다.

마법의 대화법

첫 만남의 공포를 해소하려면 고객이 자기에게 갖는 불안이나 의문에 대해 리스트를 작성한다. 그것을 상담을 시작할 때 하나, 둘 꺼내고 그것에 응하려는 것처럼 말하면 좋은 분위기에서 출발할 수 있다.

처음 만나 1분 안에 마음을 잡는다:
② 본론으로 들어가기까지

☀ 명함 교환에서 차가 나올 때까지

처음 방문한 고객 거래처에서 명함을 교환한 다음 첫마디가 '그럼 즉시 본론으로 들어갑시다' 하는 세일즈 퍼슨도 있지 않을까?

사실 본론에 들어갈 때까지 기다리기가 무척 어렵다. 이 시간이 우울하다고 하는 사람들도 많다. 그런 젊은 사람들이 늘었기 때문인지 고객들에게 이런 소리도 종종 듣는다.

"최근 영업에서는 즐겁게 잡담도 할 수 없을 정도로 분위기가 딱딱하고 잡담을 해도 맞장구를 안 쳐줘."

잡담이 어렵다는 젊은 사람들에게 이유를 물어보면, 그런 것은 의미 없다, 의례적인 영업 대화처럼 느껴져서 싫다고 대답한다. 또한 다른 사람들이 잡담을 하나도 하지 않으면 어색한 것은 알지만, 나이 차이가 나는 고객에게 무엇을 말해야 좋을지 몰라서 초조해지고 점점 더 잘 안 되어서 그냥 가지고 간 팸플릿 따위를 건네며 어물쩍 넘긴다고 한다.

세일즈 퍼슨이라면 잡담의 효과를 알고 적절하게 화제를 제공할 수 있도록 준비해야 한다. 그리고 실제 상담이 시작되면 고객의 말에 맞장구를 치며 화제를 선택하거나 시간의 장단을 맞추는 등 임기응변으로 대응하는 것이 중요하다.

★ 무엇을 말할 것인가

학생 시절에는 화제가 된 적이 별로 없지만 사회인이 되면서 종종 입에 올리는 전형적인 것이 날씨 이야기다. 나라에 따라서는 고객이 입고 있는 옷이나, 고객의 사무실을 장식하고 있는 가족사진이나 오브제 따위를 화제로 삼는 경우도 자주 있는데, 영업 현장에서 예나 지금이나 가장 인기 있는 화젯거리가 날씨 얘기라는 사실이 재미있다.

지금은 하이퍼포머이지만, 젊었을 때는 첫 만남에서

잡담하는 것이 몹시 어려워서 애먹었다는 세일즈 퍼슨에게 어떻게 해서 그것을 극복했는지 물어본 적이 있다. 거기에서 알게 된 성공할 확률이 가장 높은 방법이 바로 '날씨 이야기'였다. 결국 첫 만남은 한 사람의 고객과는 한 번뿐인 까닭에 매일 처음 만나는 사람에게는 '날씨 이야기'로 대화의 실마리를 푼다고 한다.

날씨 외에 다른 화제를 더 준비해야 안심할 수 있지 않느냐는 물음에 날씨 이야기로 충분히 익숙해질 때까지는 다른 화제를 사용하지 않는 편이 낫다고 했다. 물론 익숙해지면 자연스럽게 이야깃거리가 풍부해질 수 있다.

예를 들면 '땅이나 장소 이야기'는 잘 이용할 수 있다. 역에서부터 고객의 사무실까지의 광경이나 사무실 빌딩에 관한 이야기 등은 젊은 사람도 비교적 화제로 삼기 쉬울 듯하다. 게다가 고객과 자기(자사)의 출신지에 공통점이 있다는 사전 정보가 있을 때는 이것을 화제로 삼는 것이 좋다. 그러면 빠르게 서로 거리를 좁힌다. 따라서 이러한 좋은 화제가 있는지 없는지 미리 조사하는 것이 중요하다.

소개자나 공통적으로 아는 '사람에 대한 화제'도 활용할 수 있다. 이 경우 이름을 댄 사람에 대해서 고객이 어떠한 감정을 가지고 있는지는 미묘한 것이므로 화제에 동참한다면 좋겠지만 대화가 끊긴다거나 표정에 변화가 있으면 그 이상 지속하지 않는 것이 좋다.

또한 '일에 대한 화제'도 끄집어내는 방법만 틀리지 않으면 매우 효과적이다. 최근 업계의 핫뉴스나 정보를 제공하거나, 그 회사의 토픽을 화제로 삼는다면 고객은 호기심을 강하게 나타낼 것이다.

여기에서 잊지 말아야 할 것은 지금은 어디까지나 본론에 들어가기 전의 분위기 조성(ice breaking) 단계라는 점이다.

갑자기 고객이 머리를 감쌀 것 같은 곤란한 일을 화제로 삼거나, 상담에 그늘을 드리울 정도로 부정적인 이미지가 그려지는 대화를 하는 것은 본래의 취지에서 어긋난다.

대화를 그런 식으로 하려는 사람은 없겠지만, 실제 상담에서는 긴장하면 그런 것을 깨닫지 못하고 무심코 꺼내는 사람도 있으므로 주의하자.

고객의 기분에 공감하려고 한 탓에 업계가 불황에 빠진 것이나 경제의 앞날이 보이지 않는 불안정함 등을 화제로 삼았다가 나중에 고객에게 화제의 부적절함을 지적받은 세일즈 퍼슨도 있다.

✶ 왜 말하는가

그렇다면 어떻게 해서 잡담이 일반적으로 이루어지는 것일까? 누구나 무의식적으로 느끼고 있을 테지만, 첫 만남에서는 서로 마음을 알 수 없다. 게다가 영업활동 자리라고 하면 일이나 돈이 얽힐 수밖에 없기 때문에 한층 더 경계심이나 불신감 따위의 긴장감을 가질 수밖에 없다.

고객이 경계심이나 불신감 등으로 긴장되어 있는데도 세일즈 퍼슨이 더 깊숙이 상담을 진행하려고 하면 어떻게 되겠는가? 고객은 더 불안해하는 표정을 짓거나 말을 듣는 것처럼 보이지만 허공이나 쳐다보지 않겠는가.

그런 모습을 보이는 고객을 앞에 두고 말을 한다면, 여러분도 불안해지거나 반대로 대화를 강하게 끌게 된다. 그래서는 좋은 결과가 나오지 않으므로 본론에 들어가기 전에 긴장감을 해소할 필요가 있다. 그것을 위해서 유용한 것 가운데 하나가 잡담이다.

✶ 어떻게 말할 것인가

목적이 고객의 긴장감을 해소하는 것이라면, 화제를

어떻게 전개하는 것이 효과적일까? 현장에서 자주 보이는 상황은 세일즈 퍼슨이 일방적으로 말하는 것이다. 그러나 이래서는 의미가 없다. 왜냐하면 잡담의 목표는 고객이 입을 열게 하는 것이기 때문이다.

세일즈 퍼슨의 말을 일방적으로 들으면 고객의 긴장감이 줄어들까? 오히려 '뭐하는 놈이야!', '남의 말을 듣지 않는 놈이다'라고 긴장감을 한층 더 높일 가능성도 있다. 여기에서는 고객이 입을 열게 하는 것을 목적으로 하자. 사람은 말하면서 긴장을 푸는 법이기 때문이다.

그러므로 고객이 자신도 모르게 입을 열게 할 수 있는 주제를 선택하는 것이 중요하다. 일반적인 화제에서 시작하더라도 고객의 흥미나 관심을 알게 되면 점차 그쪽으로 파고드는 것이 요령이다.

마법의 대화법

잡담은 일반적인 화제(날씨, 장소, 사람, 일)에서부터 고객이 흥미나 관심을 가지고 있는 것으로 들어간다. 그러면 고객은 입을 열고, 점점 첫 만남에서 오는 긴장감을 푼다.

잡담을 할 것인가
말 것인가 판단한다

★ 잡담하다가 야단맞았다

 상담에서 본론에 들어갈 때까지 분위기 조성의 중요성에 대해서는 앞서 설명한 대로다. 그리고 분위기 조성의 한 가지 전형적인 방법으로 잡담이 있다는 점을 얘기했다.

 그런데 영업활동을 하다가 보면 잡담을 좋아하는 고객과 그렇지 않은 고객이 있다는 것을 알 수 있지는 않을까?

 요전에 세일즈 퍼슨 B씨(여성)가 이런 상담을 해왔다. '컴퓨터 관련 기기를 세일즈하는 B씨는 세세하게 마음을 써주며, 웃음을 잃지 않는 온화한 스타일이다. IT 전반에 걸쳐 다양하게 상담하면 어떤 것이든 상대의 처지가 되어 대응하기 때문에 고객의 신뢰도 두텁고, 성과도 일관성을 유지하고 있다. 그런 그녀가 이번에 담당하게 된 고객 C씨와의 커뮤니케이션이 어려워서 고전하고 있다는 것이었다.

B씨의 영업 스타일은 고객을 만나자마자 상담다운 상담은 하지 않은 채, 정보제공 등을 하면서 무엇이든 대화를 나눌 수 있는 관계를 구축하는 것을 제일의 목적으로 삼아, 빈번히 고객의 사무실에 드나드는 것이다.

이번의 새로운 고객 C씨는 회사로서도 처음 거래하는 사람이어서 좀더 신중히 좋은 관계를 쌓고자 몇 번이나 방문했다. 그런데 C씨가 한결같이 분위기를 좋게 할 기미를 보이지 않아서, 자기에게 뭔가 불만이 있는 것은 아닐까, C씨의 비위에 거슬리는 말을 무심코 한 것은 아닐까 하고 고민하다가 상사에게 털어놓았다.

지금까지 경과를 들은 상사는 B씨의 활약을 칭찬한 다음, 이번에도 자신감을 가지고 C씨의 딱딱한 태도가 누그러질 때까지 인내심을 가지고 노력하는 게 어떠냐고 조언했다.

상사에게 격려를 받은 B씨는 '그렇구나! 역시 분위기 조성 노력이 부족했던 거야. 이번에는 C씨가 미소를 지을 때까지 인내심을 가지고 잡담을 풍부하게 이어보자'

고 결심했다.

그리고 그날, 여느 때처럼 표정 하나 변함없는 C씨를 앞에 두고 B씨는 미소를 잃지 않으며 준비해온 화제를 차례차례 꺼내면서 C씨의 입매가 흐트러지기를 기다렸지만 언제나처럼 그럴 기색이 보이지 않았다. 초조했지만 계속해서 잡담을 늘어놓으며 30분 정도가 지났을까, 이윽고 C씨가 입을 열었다. '업무 때문에 오신 게 아니면 돌아가 주십시오'라고.

✷ 인간관계 중시파와 업무 중시파

잡담은 업무의 윤활유라고 말하지만, 좀더 자세히 살펴보면 무엇이 분위기 조성에 효과적인지는 사실 사람에 따라 다르다.

이런 관점에서 사람을 보면, '인간관계 중시파'와 '업무 중시파'로 나눌 수 있다.

'인간관계 중시파'에게는 잡담 효과가 좋아 특히 잡담이 필요하지만, '업무 중시파'에게는 잡담을 피하고 오늘 방문의 의도와 목적, 자기의 업무 스탠스나 커리어 등을 화제로 할 때 오히려 분위기 조성을 원활하게 할 수 있다. '업무 중시파' 고객 중에는 잡담은 쓸모없다고 단언하거나, 대답하는 것이 어렵고 긴장되므로 그만둬 달라는 사람도 종종 있다.

만약 '인간관계 중시파'와 '업무 중시파'를 만나자마자 파악할 수 있다면 어색하게 시간을 보내지 않을 수 있다.

하지만 첫 만남에서 그런 것이 가능할까? 사실 그 사람의 움직임이나 말씨에 힌트가 숨어 있다. 그것을 관찰하면 첫 만남에서라도 어떤 유형인지 가늠할 수 있다. 실제로 서비스업 종사자들은 대부분 이것을 실행하고 있다.

그 포인트에는 얼굴, 소리(말씨), 몸(짓) 등이 있다.

⇨ **인간관계 중시파**
- 얼굴: 표정이 부드럽다.
- 소리: 억양이 있게 말한다.
- 몸짓: 몸짓을 한다.

⇨ **업무 중시파**
- 얼굴: 표정 변화가 그다지 없다.
- 소리: 한결같은 어조로 말한다.
- 몸짓: 몸짓이 그다지 없다.

고객과 말하면서 얼굴, 소리, 몸짓 3가지 포인트에 주의하여 관찰하고, 그 고객이 어떤 유형인지 예상하여 첫 만남의 화제를 선택하자.

> **마법의 대화법**
>
> 고객의 얼굴, 소리, 몸짓에 주목하여 화제를 고르면, 첫 만남에서도 원활하게 대화할 수 있다.

이런 대화법을
쓰면 잘 된다

★ 자기 버릇대로 말하지는 않는가

 고객과의 상담, 게다가 그것이 첫 만남이라면 어떤 고객일까, 무엇을 말할까 하고 머리가 복잡해져서 '대화법'에까지 신경을 쓰기가 어려운 법이다. 그러면 아무리 주제를 골라도 '자기가 말하기 쉬운 대화법'이 되어버린다. 상대에 맞춰 말하는 것이 중요하다고 들었어도, 첫 만남이나 프레젠테이션 등 아무래도 긴장이 되는 자리에서는 자기의 말버릇이 전면에 드러나기 쉽다.

 버릇은 오랜 시간에 걸쳐 익숙해진 것이므로, 본인에게는 자연스럽고 편안한 것이지만, 상대가 듣기 쉬울지 어떨지는 의문이다. 특히 아이들이 서로 버릇이 다른 때는 이쪽이 상대에게 다가가지 않으면 좋을 결과를 얻을 수 없다.

그래서 '자기가 말하기 위한 대화법'에 좀더 주의를 하고, '고객이 편안하게 느낄 수 있는 대화법'이 임기응변으로 가능하도록 말하자.

이것은 1960년대에 데이비드 메릴(David Merrill) 교수가 제창해서 세계에서 널리 실천하는 방법이다.

★ '4가지 타입'의 말버릇

말버릇에는 4가지 타입이 있다. 당신이나 고객도 그 가운데 어딘가에 해당된다. 그래서 먼저 4가지 타입을 구분하는 방법을 소개한다.

고객의 행동을 다음의 포인트로 관찰하여 해당하는 항목에 O를 표시하자.
① 말하는 템포와 말의 진행방법
    빠르다 → A
    느리다 → B
② 말투의 인상과 어미
    딱딱, 난언하는 어조 → A
    부드럽게 묻는 것 같은 어조 → B

③ 결과와 프로세스

　결과를 급하게 꺼낸다 → A

　프로세스를 중시한다 → B

④ 표현 방법

　단도직입적이다 → A

　신중하다 → B

⑤ 시선

　확실하게 눈을 맞춘다 → A

　부드럽게 눈을 맞추거나 뗀다 → B

⑥ 표정

　감정이 얼굴에 드러난다, 표정에 변화가 있다 → 1

　감정이 드러나지 않는다, 표정이 그다지 없다 → 2

⑦ 억양

　높낮이가 있게 말한다 → 1

　담담하고 건조하게 말한다 → 2

⑧ 몸짓

　있다, 크다 → 1

　적다, 작다 → 2

⑨ 중시하는 정보

　남의 의견이나 평판 → 1

　전문성과 사실면 → 2

⑩ 분위기

경쾌하며 때로 명랑한 분위기 → 1

사무적으로 묵묵히 업무를 진행하는 분위기 → 2

①부터 ⑩까지에서 포인트로 선택한 것을 집계한다. A와 B에서 많은 쪽, 1과 2에서 많은 쪽을 조합함으로써 타입이 결정된다.

▼ 감각파(A〉B, 1〉2)

▼ 행동파(A〉B, 2〉1)

▼ 협조파(B〉A, 1〉2)

▼ 사고파(B〉A, 2〉1)

✴ 고객 타입별 공략법

고객의 타입이 결정되었으면, 그에 맞춰 다음과 같은 고민을 하면 원활하게 커뮤니케이션할 수 있다.

▷ 감각파

- 밝고 쾌활하며 또렷하고 템포 있게 말한다.
- 표정이나 몸짓도 적절하게 가미한다.
- 잡담은 핫뉴스, 아주 최근의 토픽, 귀 기울일만한

정보, 작은 소재를 준비한다.

▷ 행동파

- 당당하고 확실한 목소리로, 간결·명료하고 프로답게 말한다.
- 시선을 맞추고, 효율적·단적으로 솔직히 상담을 진행한다.
- 방문 목적, 장점, 자기 커리어와 능력에 대해서 전달함으로써 분위기를 조성한다(잡담은 좋아하지 않는다).

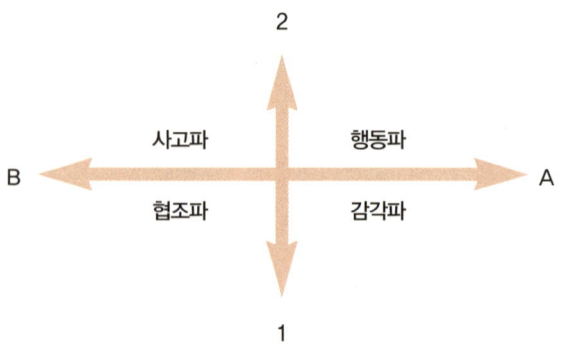

사회 스타일(social style)에서는 커뮤니케이션의 유형을 4가지로 분류한다.

▷ 협조파

- 온화하며 부드러운 분위기에 마음을 쓰면서, 앞에 하는 말, 완충하는 말, 위로하는 말 등을 사용하며, 어미도 부드럽게 말한다.
- 자연스러운 웃음, 부드러운 몸짓, 위압감을 주지 않는 듯한 행동에 주의한다.
- 날씨 이야기, 소개자나 서로 아는 사람 이야기 등 대수롭지 않은 잡담으로 시작한다.

▷ 사고파

- 감정 표현, 주관적 표현을 피하고, 사이를 두며 페이스도 천천히 객관적·논리적으로 말한다.
- 시선을 피하기 위해 상대의 눈보다 아래를 보며, 복장이나 행동거지를 예의바르게 한다.
- 방문 목적, 일의 추진방법, 경력 소개 등 업무에 관한 화제로 분위기를 조성하며, 일반적인 잡담은 꺼내지 않는다.

마법의 대화법

상담 초반에 고객의 커뮤니케이션 습관을 파악하고, 대화법, 행동거지, 말의 내용 등을 조정하면 단시간에 신뢰를 쌓을 수 있다.

신뢰받을 수 있는
예의범절, 존댓말, 비즈니스 용어

✷ 상담이 시작될 때 이미 승부는 결정났다

 인사가 끝나고 자리에 앉을 때까지 짧은 시간에 첫인상은 이미 결정된다. 첫인상은 몇 초 사이에 결정된다고 하며, 한 번 형성된 좋지 못한 첫인상을 바꾸는 것은 처음에 좋은 인상을 심어주는 것보다 어렵다고 한다. 그렇다면 처음부터 좋은 인상을 심어주어야 한다.
 '그런 일은 당연히 항상 신경 쓰고 있다'고 말하는 소리가 들리는 듯한데, 사실 신입사원에서 대기업의 회장, 사장에 이르기까지 많은 사람을 지도하면서 첫인상을 좋게 하라는 충고를 하지 않은 날이 없다.
 요컨대 누구나 조금만 더 생각하면 첫인상을 좋게 할 수 있는 여지가 있다.

의외로 조금만 더 신경 쓰면 눈에 띄게 첫인상이 좋아지는 포인트는 선 자세, 걷는 자세, 인사하는 자세다.

✶ 고객의 마음을 잡는 선 자세

최근에 연령, 성별을 불문하고 특징적인 자세는 아랫배를 가볍게 내밀고, 등을 뒤로 구부리고 서 있는 것이다. 배에 힘이 들어가 있지 않기 때문에 전체적으로 힘이 없는 것처럼 보인다. 배꼽 조금 아래에 있는 단전이라 불리는 곳을 손가락으로 가볍게 눌러서 확인하고 그곳에 힘을 주어 아랫배를 당기는 느낌으로 있으면 자세가 바로잡힌다.

그런 다음 어깨가 앞으로 지나치게 나오지 않았는지, 등이 구부정하지 않은지 확인해서 올바른 자세를 취해보자.

이런 지도를 하면 사람들은 대부분 '앞으로 쏠리는 것 같다!'고 말한다. '중심이 처음보다 내려갔습니까? 그러는 편이 제대로 서 있는 것 같지는 않은가요? 이것이 선다고 하는 것입니다'라고 말하면 대개 납득한다.

더욱이 섰을 때 손의 위치를 지기 나름대로 설정해두고, 언제나 이것이 가능하도록 몸에 익혀두면 당황할 때에도 보기 좋은 자세를 취할 수 있다. 손을 앞으로 모을 것인지, 옆으로 내릴 것인지 거울을 보면서 업계, 업종, 체형 등을 생각하여 가장 적당하다고 생각하는 자세를 연구해보자.

★ 고객의 마음을 잡는 걷는 자세

대개 허리에서부터 걸으라는 소리를 하는데, 포인트는 무릎을 굽혀서 터벅터벅 걷지 않으며, 발꿈치를 질질 끌지 않으면서 차올리듯이 걷는 것을 말한다. 그렇게 하면 자연스럽게 큰 걸음으로 앞으로 나아갈 수 있다.

단전에 힘을 주지 않으면 그러한 걸음걸이가 가능하지 않으므로 선 자세와 걷는 자세를 동시에 마스터해야 한다.

★ 고객의 마음을 잡는 인사 자세

신입사원 연수를 기억하는가? 연수받을 때 목례 15도, 경례 30도, 깊은 경례 45도라고 배우지 않았는가? 업계에 따라서는 더 깊숙이 하는 곳도 있다. 각도가 몇 도이든 첫인상을 좋게 하려면 구부릴 때 허리부터 구부리는 것과 구부린 상반신이 일직선이 되는 것이 중요하다. 상반신이 일직선이라는 것은 등이 구부정하거나 목이 꺾여 있지 않은 것을 말한다.

그리고 구부릴 때는 빠르게 구부린다, 구부린 채 조금 멈춘다, 들어올릴 때는 천천히 한다는 것도 잊지 말아야 한다. 이것만이 다는 아니지만, 이것만이라도 가능한 사람이 의외로 많지 않은 것이 사실이므로 인사가 정확한 것만으로 경쟁우위를 차지할 수 있다. 한 번 큰 거울 앞에 서서 인사 트레이닝을 해보자.

깊은 인사를 하려고 하면 할수록 몸이 흔들거리거나, 넓적다리나 장딴지 뒤편이 떨리는 것을 느낄 것이다. 이것은 인사에 필요한 근육이 발달하지 않았기 때문이다. 연수에서 인사 트레이닝을 할 때, 트레이너가 수강자의 견갑골 사이를 누르는 경우가 있는데, 그러면 주저앉아 버리는 사람도 많다.

가끔 농담조로 '인사근육'이라 부르는 근육은 다음과 같이 단련할 수 있다.

① 벽에서 몇 센티미터 거리를 두고 서서, 상반신을 구부려 엉덩이가 벽에 닿을 때 정지한다.

② 상반신이 머리부터 허리까지 일직선이 되는 것을 확인하고, 이 자세를 조금 더 유지한다.

벽에서부터의 거리는 체형이나 몇 도의 인사 트레이닝을 하는가에 따라 다른데, 대개 몇 센티미터다.

처음에는 근육이 떨리거나 수축되어 있던 근육이 늘어나 아프겠지만 몇 번 반복하면 근육이 생겨서 아름다운 인사 자세가 나온다.

☀ 몰라서 묻기 전에 알아두어야 할 말

'○○씨군요. 처음 뵙겠습니다. 저는 △△사의 ㅁㅁ라고 합니다. 귀사의 경영기획부장으로 있으신 ○○님의 소개로 왔습니다. 바쁘신 데도 시간 편을 내주셔서 고맙습니다. 저희 폐사의 안내가 되겠습니다.'

첫 만남에서 열심히 인사를 할 요량인데 이래서는 상담이 제대로 될 리 없다. 여러분은 몇 가지 오류를 찾아냈을 것이다.

- ○○씨군요.
- 경영기획부장으로 있으신
- 시간 편
- 폐사의 안내가 되겠습니다.

이런 말은 최근 자주 쓰지만, 모두 비즈니스 용어로는 적합하지 않다. 각각 다음과 같이 표현하면 신뢰도가 더 높아진다.

- ○○씨군요. → ○○씨 반갑습니다.
- 경영기획부장으로 있으신 → 경영기획부장으로 계신
- 시간 편 → 시간
- 폐사의 안내가 되겠습니다. → 폐사의 안내입니다.

또한 '폐사'도 '저희'로 하는 편이 좋다. 문어로서는 '폐사'가 맞겠지만, 구어에서는 부드러운 인상인 '저희'를 선호하는 경향이 있다.

가끔 쓰지만 사실 쓰지 말아야 할 말은 그밖에도 많다.

- '일요일은 쉬도록 하게 해주십시오.'
  → '쉬도록 하게 해'에서 '도록 하'는 불필요하다.
- '이상으로 좋았습니까?'
  → 현재의 일을 과거형으로 많이 표현하는데, 현재의 일은 '이상으로 좋습니까?'라고 현재형으로 말한다.

고객의 클레임에 대응하는 세일즈 퍼슨이 머리를 조아리며 '변명이 안 계십니다!'라고 사죄하니, 그 90도에 가까운 머리 위에서 '내가 지금 화가 났는데, 안 계십니다라니!' 하는 고함이 들렸다는 얘기도 있다.

✸ 세일즈 퍼슨은 이런 것도 신경 써야 한다

매너 책에는 별로 씌어 있지 않지만 고객이 확실하게 보는 포인트가 있다. 다음은 '이러한 세일즈 퍼슨은 상대하고 싶지 않다'는 말을 듣는 워스트(worst) 5이다. 베테랑 세일즈 퍼슨도 무심코 해버리는 경향이 있을지도 모른다.

⇨ 비즈니스 가방을 의자 위에 두지 않는가?

PC가방이나 서류가방은 설령 훌륭한 것이라 해도 의자 위에는 두지 않는다.

⇨ 빗속을 걸어서 젖은 코트나 가방은 닦는가?

비오는 날은 작은 타월을 준비해서 건물에 들어가면 되도록 빨리 코트, 가방, 구두 등 비 맞은 곳을 닦자.

⇨ 펜을 든 채 말하지 않는가?

상담 중에 펜이 손에 있으면, 펜을 든 채 말을 하기 쉽다. 쓸 필요가 없을 때는 펜을 들지 않는 버릇을 들여야 실패하지 않는다.

▷ 코트는 청결한가?

고객 사무실에서 코트를 벗을 때, 눈에 띄는 것이 소맷자락의 속부분이다. 여기는 더럽거나 실밥이 뜯어지기 쉬운 곳이니 청결하게 하는 것이 좋다.

▷ 직접 고객 이외의 사람에게도 배려를 하는가?

접수하는 사람, 회의실까지 안내해주는 사람, 엘리베이터에 태워주는 사람, 차를 내오는 사람 모두 당신을 보고 있다. 이러한 직접적인 고객 이외의 사람에게도 자연스럽게 배려하거나 감사하는 마음을 드러낼 수 있다면 업무에도 좋은 영향을 준다.

마법의 대화법

첫인상은 바로 서고, 바로 걷고, 예의바르게 인사함으로써 금방 좋아진다. 더욱이 확실하게 배려하면 지금까지 열리지 않았던 문이 열린다.

2장

고객이 마음을 여는 듣는 법, 말하는 법

고객이 이야기를
계속하게 하려면 이렇게 한다

★ 성공하는 데이트 유혹법에서 배운다

 세일즈 퍼슨이나 영업 SE와 고객을 어떻게 인터뷰하는지를 주제로 얘기할 때, 이런 게임을 하는 경우가 있다. 이런 게임을 하면 사람과 대화하는 게 어떠한 것인지 알고, 그 요령이나 참뜻을 즐기면서 발견할 수 있다. 이것은 앞으로도 잊지 않게 하려고 우리 회사의 IT 컨설턴트가 만든 롤 플레이 게임이다.

 우선 데이트할 때 남성이 여성을 유혹한다고 설정했으므로, 두 사람이 한 쌍이 되어 남성 역, 여성 역을 결정한다.

 이때 실제 성별은 관계가 없다. 그러므로 한 쌍이 남성끼리이든 여성끼리이든 상관없다. 만약 남녀가 한 쌍을 이룬 경우 여성이 남성 역을 맡으면, 여성 역의 남성은 데이트에서 유혹하는 방법도 다양하다고 깨달을 것이다.

남성 역, 여성 역이 결정되면, 각자에게 다음 정보를 건네주는데, 상대역에게는 숨긴 채 게임을 시작한다.

▷ 남성 역

당신은 드라이브와 아웃도어를 좋아한다. 이탈리아 요리와 와인에도 취미가 있으며, 최근 발견한 훌륭한 이탈리아 레스토랑에 애인을 데리고 가서 식사하고 싶다고 생각한다. 그래서 오늘은 데이트하면서 애인을 유혹한다. '주말인데 드라이브나 가지 않을래?' 하는 첫마디로 시작하자.

▷ 여성 역

당신은 영화와 차를 좋아한다. 요리도 좋아하며, 맛있는 일식을 특히 좋아한다. 애인과는 다소 취미가 다른 듯하지만, 자신은 아직 확실히 그렇다고는 말을 꺼내지 못한다.

※이 정보는 애인이 들어줄 때까지는 직접 말하지 않는다.

게임 시간은 5분, 목적은 여성 역에게 데이트 승낙을 받는 것이다.

게임을 시작하여 5분이 지난 뒤 몇 명의 남성 역이 여성 역에게 승낙을 받았을 것이라고 생각하는가?

사실 남성 역은 대부분 실패했다. 5분이 흐른 뒤 롤플레이를 중단했는데, 그 단계에서 남성 역에게 질문했다.

"지금 여성 역에게 승낙을 얻었는지, 확실한 대답은 아니라 해도 거의 승낙일 것이라고 확신할 수 있는 분은 손을 들어주십시오"라고 하자 30%에서 60% 정도의 사람이 손을 들었다.

그래서 다음에 여성 역에게 물었다. '자기의 기분을 말할 수 있었다면, 정말로 승낙했던 분은?' 하자 남성 역의 생각과 반대로 거의 손을 들지 않았다.

이래서는 '이번 주말에는 데이트할 거야!' 하고 확신하고 있던 남성에게 약속 취소 통보가 갈 것이다.

★ 태스크가 있다면 일방적으로 대화를 계속하려는 심리

데이트를 하고 싶은 마음이 있어도, 드라이브는 좀 그

렇다고 생각하는 경우, 허물없는 사이라면 '드라이브는 좀 그렇지만 영화라면 좋아'라고 말할 수 있다.

그래도 역시 신경을 써야 할 사이라면 그렇게 직접적으로는 말하기 어렵다고 느끼고, '그렇군요……' 하고 애매하게 대답하는 심리는 고객의 마음과도 비슷한 것이 아닐까?

영업도 능숙하지 않은 상황에서 자기가 제안하려고 생각한 것을 그만 전면에 꺼내면서 말하기가 쉽다. 이 경우 고객이 무엇을 좋아하고 어떻게 생각하는지 들을 여유가 없는 것은 아닐까? 또는 무심코 고객의 말을 들었는데, 자기의 제안과 다른 수요가 나온다면 하고 무의식적으로 두려워하는 것은 아닐까?

그럴 때 이 데이트의 롤 플레이를 떠올려보자.

자기가 말을 일방적으로 진행한 탓에 상대의 수요에 부합하지 않으면 좋은 결과로 이어지지 않는다. 수요를 들어보고, 그것이 제안하려고 생각하는 것과 다르다는 것을 알 수 있다면 그것에서부터 오히려 본격적인 영업 활동, 세일즈 협상이 시작되는 것이다.

우선 침묵해보자. 그리고 마음을 안정시키고 고객이 말하기 쉽도록 사이를 두자. 고객이 말하지 않는다면 다음은 없는 것이다.

> **마법의 대화법**
>
> 최종적으로 좋은 결과를 내려고 생각한다면 급하게 하지 말고 돌아가라. 자기가 말하고 싶은 것은 조금 비껴 두고 먼저 고객의 본심을 듣자. 그것이 이루어진다면 고객이 제안을 해온다!

고객과 협상은 '5가지 키워드'로 할 수 있다

★ 예상 밖의 전개에 낭패하지 않기 위해서

고객이 많은 이야기를 해주었다고 일단 안심했더니, 정보량은 많아도 핵심적인 것을 듣지 않았다거나, 제안서를 쓰려고 메모를 보면 주변 정보는 많아도 핵심에 닿아 있는 것이 별로 없다거나 해서 낭패를 본 경우는 없는가?

이렇게 되지 않기 위해서 미리 질문 사항을 준비하는 것이 기본 스킬인데, 상담이 늘 생각처럼 진행되는 것은 아니다. 이야기가 끊어지지 않도록 경청하던 중에 이야기가 생각지 못한 방향으로 흐르거나, 중요한 것을 가려듣지 못한 채 시간이 지나간 경우도 종종 있다.

그렇다고 해서 지나간 시간을 다시 돌릴 수도 없는 노

릇이고 보면, 충분히 듣지 못한 채 제안서를 쓰거나, 초점이 잡히지 않은 프레젠테이션을 하는 악순환에 빠질 수 있다. 이런 경험을 해본 사람이 많지 않을까?

★ 사이몬의 정의

영업은 고객이 스스로 문제를 해결하는 것을 돕는 일이다. 그러므로 '문제'가 없다면 비즈니스 기회도 없다. 세일즈 퍼슨이 먼저 해야 할 일은 고객에게 '문제'가 있는지 어떤지 아는 것이다. 그러기 위해서는 이야기를 많이 들어야 한다.

단지 이야기를 듣기만 하면 되는 것이 아니라 '문제'가 있는지 어떤지, 있다면 어떤 '문제'가 어디에 있는지에 초점을 맞춰서 들어야 한다.

또한 그 회사 사원도 아닌 당신이 고객의 이야기를 들으면서 '아, 이것이 바로 문제였구나!' 하고 마음대로 결정해버리면 안 된다.

그렇다면 '문제'는 무엇일까?

노벨 경제학상을 수상한 허버트 A. 사이몬은 다음과 같이 정리했다.

⇨ '문제'란 '현상'과 '목표(있어야 할 모습, 희망하는 모습)'의 갭(gap)

만약 고객이 현상에 완전히 만족해서 목표와 갭이 없다면 '문제'가 발생할 여지가 없다(실제로 이렇게 보이는 경우라도 고객이 정말로 현상=목표인지 확인해보면 역시 현상과는 다른 목표가 드러나는 경우가 많지만).

★ 상담에 성공하기 위한 '5가지 키워드'

영업활동에서는 고객의 이야기를 다음 5가지 키워드를 의식하면서 들어야 한다.

⇨ **현상** : 현재의 상황(고객이 놓인 상황을 넓힌다)
⇨ **목표** : 있어야 할 모습(이런 식으로 하고 싶다, 이러면 좋겠다 등)
⇨ **문제** : 현상과 목표의 차이
⇨ **원인** : 문제의 배경에 있는 것(명확하게 아는 경우와 추측하는 이외에는 방법이 없는 경우)
⇨ **해결책** : 문제 해결 방법

현상은 지금 있는 것이므로 고객도 비교적 말하기 쉬운 법이다. 이것에 대해서는 세세하게 질문하는데 되도록 구체적으로 추정 가능하게 묻는 것이 중요하다.

그것에 비해 목표에 대해서는 고객도 답하기 어려운 법이다. 지금처럼 사회·경제 변동이 격렬한 시대에는 있어야 할 모습이나 희망하는 모습, 즉 '어떻게 하면 좋은가?', '어떻게 하고 싶은가?'라는 것에 정확하게 답하는 것이 쉽지 않기 때문이다. 그것을 제대로 가려듣거나, 고객과 함께 생각하는 것이 세일즈 퍼슨에게는 이제까지 한 것 이상으로 중요하다.

이것에 대해서는 따로 스킬을 소개하겠다.

마법의 대화법

상담 과정에서 헤매지 않는 마법의 키워드는 '현상', '목표', '문제', '원인', '해결책' 5가지다. 이 키워드를 의식하며 인터뷰한다면 고객의 진실을 볼 수 있다.

질문하는 법은
이렇게 구별한다

★ 질문과 심문의 차이를 알아둔다

아주 오래 전의 일이다.

고객 사무실에서 열띠게 미팅하면서 정확하게 '현상'에 대해서 제법 파고드는 인터뷰를 했을 때의 일이다. 나는 '왜 그러한 기계를 사용합니까', '왜 ○○이라는 방법을 사용하는 것입니까', '그렇게 말하는 이유는 무엇입니까' 하고 질문했다.

그러자 고객이 한순간 침묵하더니 놀라움에다 분노까지 나타냈다. '자네와 얘기를 하면 아무리 해도 마치 심문을 받는 것 같아'라면서. 그리고 그 이상 미팅을 지속할 수 없었다. 물론 악의는 털끝만큼도 없었고, 고객과 그 조직의 다양한 상황에 흥미를 느끼고 왜일까 하는 문제의식을 가지면서 적극적으로 인터뷰한 것인데, 반복해서 '왜', '왜'라고 묻자 고객이 불쾌하게 생각한 것이다.

이러한 비극이 일어나지 않도록 하기 위해서는 질문의 형태에 다양화를 기해야 한다. 상담에선 '무엇을 듣는가'에 더해서 '어떻게 듣는가'도 중요하다. 그리고 '어떻게 듣는가'에서 중요한 것 가운데 하나가 질문의 형태다. 질문의 형태는 다양한데, 당신은 효과적으로 구별하여 사용하고 있는가?

★ 5W1H를 잘 사용하는 테크닉

누구나 한 번쯤 들은 적이 있을 5W1H도 여기에서 말하는 질문의 형태다.
- Who(누가)
- What(무엇을)
- When(언제)
- Where(어디에서)
- Why(왜)
- How(어떻게)

세일즈 퍼슨은 이것을 빠짐없이 확인할 필요가 있는

데, 고객으로서도 5가지 W와 1가지 H를 두루두루 듣는 편이 답하기 쉽다. 앞서의 실패는 질문자의 흥미로 Why(왜)만 눈에 띄게 물은 결과 고객을 불쾌하게 했기 때문에 생긴 것이다.

Why만 사용하면 고객을 불쾌하게 만들 뿐만 아니라 다른 질문이 손에 잡히지 않는 폐해도 실감했다. 이 사건을 계기로 대화할 때 한 번은 5W1H를 사용하고 다음에는 다른 것을 사용하여 질문해야겠다고 생각했다.

✦ 개방 질문과 폐쇄 질문을 잘 구별하여 사용한다

개방(open)과 질문(closed)도 누구나 알고 있을 텐데, 의식적으로 구별해서 사용하는 사람은 별로 없다. 각각의 장단점을 알고서 상황(situation)에 따라 구별해 사용하는 게 좋다.

▷ **개방 질문** : 자유롭게 답할 수 있는 질문
▷ **폐쇄 질문** : '예' 또는 '아니오'(그것에 준하는 짧은 말)로 답할 수 있는 질문

개방 질문은 모을 수 있는 정보량이 많다는 것이 큰

장점이지만, 이야기의 초점이 애매한 상황에서는 답하기 어렵고, 묻고 싶은 것과 어긋나는 답을 하는 등 단점도 있다. 또한 상담 자리에서 개방 질문만 계속하면 이야기가 시들해지는 것도 사실이다.

폐쇄 질문은 듣고 싶은 답이 즉시 나온다는 것이 큰 장점이다. 개방 질문에서는 답을 하기 어려운 경우라도, 상대가 답하기 쉬운 폐쇄 질문을 던지면 답을 얻을 수 있다.

하지만 정보량이 적다는 점, 덧붙여서 질문자의 머리에 있는 것(가설)의 범위에서밖에 질문할 수 없어서 폭이 제한적이라는 점 등이 단점이다.

★ 자기의 말버릇을 알고 궁리한다

개인 코치를 하다 보면 질문의 형태에는 그 사람의 개성이 반영되는 것처럼 보인다. 폐쇄 질문으로 점점 (조금 강하게) 이야기를 진행하다가, 마지막에 갑자기 개방 질문을 하여 고객의 심리에 변화를 주며 끝내는 사람, 개방 질문이 많고 고객에게 부드럽게 질문하여 정보도 많이 얻지만 좀처럼 핵심에는 다가서지 못하는 사람 등 가지각색이다.

자기에게는 어떤 질문 버릇이 있는가, 고객은 어떻게 볼 것인가 등을 이 기회에 생각해보기 바란다.

질문에서는 '무엇을 듣는가'만이 아니라 '어떻게 듣는가'도 중요하다. 다양하게 질문해야 고객의 숨겨진 수요를 끌어낼 수 있다.

현장의 분위기는 이렇게 파악한다

★ 분위기를 읽는 2가지 포인트

 최근 자주 '분위기를 읽는 방법을 가르쳐달라'는 문의를 받는다. 그런 문의의 배경에는 분위기를 읽지 못하면 소외될 것이라는 공포에 가까운 감정이 있는 경우가 많은 것 같다.

 처음에 '분위기를 읽는 방법'에 대해 단도직입적으로 질문받았을 때는 솔직히 조금 놀랐다. 그러나 다음 2가지 이야기를 하면서 대부분 납득했다.

 그중 하나가 '메라비언의 법칙'이고 또 하나가 '간접적 질문으로 분위기를 읽는 방법'이다. 2가지를 순서대로 소개하겠다.

✴ 메라비언의 법칙으로 분위기를 읽는다

사람은 생각이나 감정을 모두 '말'로 드러내는 것은 아니다. 말 이외의 것도 사용하여 메시지를 보낸다. 그것이 '소리'와 '태도·표정'이다.

'소리'란 소리의 크기, 빠르기, 높낮이, 억양, 말 중간에 틈을 두는 방법, 발음이나 어미의 형태나 강약 등을 가리킨다.

'태도·표정'이란 얼굴, 머리의 각도, 손이나 손가락, 어깨, 상반신의 움직임, 앉는 자세, 다리의 움직임 등이다.

메라비언 교수는 '말', '소리', '태도·표정'이 각각 다른 메시지를 보낸다면 듣는 사람은 어떤 것을 우선 받아들이는지 실험했다. 즉 화난 표정으로 슬픈 말을 하거나, 따뜻한 목소리로 냉랭한 말을 하는 경우 듣는 사람은 메시지를 어떻게 받아들일까 하는 것이다.

그 결과 '태도·표정'이 가장 우선적으로 받아들여지고, 다음으로 '소리', 마지막으로 '말'이라는 것이 밝혀졌다. 그것을 표현한 숫자를 본 사람도 많을 것이다.

⇨ 태도·표정 : 55%

⇨ 소리 : 38%

⇨ 말 : 7%

메라비언 교수의 이 숫자는 복수 문화권에 속하는 세계 여러 나라에서 조사한 결과인데, 개별 조사한 것도 있다.

⇨ 태도·표정 : 60%

⇨ 소리 : 32%

⇨ 말 : 8%

'분위기를 읽는' 경우에도 이 순서가 하나의 판단 기준이 될 듯하다. '어, 그렇네요'라는 한마디라도 의기양양한 소리로 말하는 경우와 의기소침하게 띄엄띄엄 말하는 경우는 그 의미가 크게 다르다. 더욱이 밝은 표정인가, 어두운 표정인가를 놓고 따진다면 각각의 의미는 정반대라고 해도 좋을 정도다.

'말'을 귀로 들으면서 동시에 '태도·표정'의 미묘한 움직임을 관찰하고, '소리'에 마음을 담아서 커뮤니케이션을 하다면 아주 훌륭하게 분위기를 파악할 수 있을 것이다.

✷ 간접 질문으로 분위기를 읽는다

 간접 질문을 해서 분위기를 읽는 방법이 있다. 간접 질문은 질문 형태의 하나로, 직접 질문과 대비된다. 이것은 고객에게 직접 무엇인지 묻는 것이 아니라, 간접적으로 물어서 반응을 보고 분위기를 읽는 것이다.

 예를 들어 당신이 제안하기에 앞서 고객의 예산을 알고 싶다고 하자. '예산은 얼마나 생각하고 계십니까?' 하고 물으면 직접 질문이다. '같은 문제를 3,000만 원으로 해결한 고객이 계십니다. 그에 대해 어떻게 생각하십니까?' 하고 물으며 반응을 살피는 것이 간접 질문이다. 이렇듯 간접 질문은 일반적으로 직접 묻기 어려운 것을 파악하고자 할 때 사용한다.

 비판적인 질문은 상대가 직접 물어보면 깜빡하고 넘어가지 않아야겠다고 경계한다. 비판적인 질문을 다른 회사의 사례를 보이면서 그 사례에 대한 의견, 감상을 묻는 간접 질문으로 하면 무엇을 답하든 책임을 질 필요가 없으니 평론가적인 처지에서 자유롭게 말할 수 있다.

 그리고 평론가로서 하는 얘기 중에 당신이 정말로 알고 싶은 일 ―고객의 예산― 을 추측할 수 있는 정보가 들어 있는 경우가 많다.

이 방법도 분위기를 읽는 것에 유용하다. 그리고 분위기가 좋지 않다는 것을 읽었다면 화제를 다른 곳으로 돌리는 것도 중요하다. 어쨌든 직접 묻지 않았기 때문에 부담 없이 화제를 돌릴 수 있다.

> 경험을 쌓으면 누구나 잘 하는 것이 '분위기 파악' 스킬이다. 젊다거나 경험이 적더라도 메라비언의 법칙과 간접 질문으로 의식적으로 고객의 반응을 살피면 분위기를 읽을 수 있다.

'한 걸음 더 파고드는 상담'은 이렇게 한다

★ 2가지 성공 포인트 : ① 목표를 듣는 방법

질문 기술도 점점 좋아지고, 이제까지 해온 것 이상으로 고객과의 대화가 탄력을 받고 있고, 대화도 이만큼 이끌어낼 수 있게끔 되어서 스스로 잘 되고 있다고 생각했는데, 막상 상사에게 '더 제대로 들어봐!' 하고 질책을 당한 경험은 없는가?

무엇을 어떻게 들어야 '제대로'가 될 수 있을까? 그래서 한 걸음 더 파고들기 위한 2가지 포인트에 대해 말하고자 한다.

앞에서 설명한 대로 제안하기 전단계의 상담에서 중요한 점은 고객의 '현상'과 '목표'를 확인하는 것이다. 그리고 '현상'은 질문도 하기 쉽고 고객도 답하기 쉬운

데 비해 '목표'를 들으려면 고민이 필요하다고 했다.

'목표'에 대해서는 좀처럼 답하기 어렵다는 것을 알고 있을 것이다. 갑작스럽게 '이상적인 결혼이란 어떠한 것입니까?', '당신이 생각하는 재해지원의 바람직한 형태에 대해서 알려주십시오'라고 물으면, 당황해서 말하고 싶은 것의 절반도 할 수 없게 된다.

비즈니스에서는 더욱 그러하다. 회사의 처지, 예산, 자기의 처지와 역할, 관계하는 복수의 사원이나 임원의 고려나 우려, 정치 등 다양한 정보가 얽혀서 정리되지 않은 상태로 상담 자리에 나와 있는 고객(담당자)도 많을 것이다.

또한 실현가능한 '해결책'을 먼저 생각해서, 그것에서 '목표'를 끌어내는(만드는) 경우도 종종 있다. 그러면 근본적인 문제를 파악할 수 없는 상황에서 상담이 진행되기 때문에 최종적으로는 고객과 세일즈 퍼슨에게 바람직하지 못한 결과가 나오기 쉽다.

그런 것에 더해, 최근과 같은 변혁의 시대에 어떻게 해서 성공할 것인가 하는 근본적인 과제가 있기 때문에 이 '목표'를 간단히 끌어내게 할 수도 없다. 거꾸로 말해서 세일즈 퍼슨의 행동에 따라 상담은 어떤 식으로든 전개될 가능성이 있다. 그러므로 고객은 당사자가 되어 진지하게 생각할 줄 아는 세일즈 퍼슨을 만나기를 강력하게 원한다.

고객과 하나가 되어 '목표'를 찾을 때, 기본적인 기술로 활용할 수 있는 것이 간접 질문이다. 이것을 사용하여 도입 사례나 다른 회사의 사례, 선택지와 시뮬레이션 등의 정보를 들으면서 고객의 사고의 폭을 넓히고, 복수의 시점에서 볼 수 있도록 도움을 받으며, 함께 '목표'를 찾아 만들어내는 작업을 한다.

또한 다른 기술로 '목표' 자체를 파악하는 것이 곤란할 때는 '현상'에 관하여 자세히 묻고, 그 속에서 고객이 좋다고 생각하는 점과 개선하고 싶다고 생각하는 점을 분명히 하는 것도 '목표'를 만들어내는 데 유용하다. 좋다고 생각하는 점은 그대로 '목표'의 일부가 되고, 개선하고자 하는 점은 그것이 개선된 형태가 '목표'의 일부가 되기 때문이다.

✷ 2가지 성공 포인트 : ② 질문의 방향

대화를 하다가 키워드가 나올 경우, 그 뒤에 어떻게 전개하는가가 실력의 지표다. 키워드의 전개 방법은 '넓힌다'와 '파고든다' 두 가지가 있다.

⇨ 넓히는 방향

이 키워드에서부터 다음과 같이 이야기를 넓힌다.

- 본질화 : 본질을 파악한다.
- 장래화 : 장래 어떻게 될까 생각한다.
- 백그라운드 : 배경을 생각한다.
- 패러다임 : 시프트 시점을 바꿔 생각한다.
- 통찰 : 이것에서부터 고객 자신이 통찰을 깊게 한다.

⇨ 파고드는 방향

이 키워드를 다음과 같은 것을 염두에 두고 깊게 한다.

- 구체화 : 좀더 구체적으로 한다.
- 상세화 : 좀더 상세하게 만든다.
- 액션 플랜화 : 행동계획에 천착한다.

마법의 대화법

한 걸음 파고드는 키워드는 '목표'와 '질문의 방향'이다. '목표'는 고객과 함께 만들어내는 자세로 임한다. '질문의 방향'은 넓힌다, 파고든다의 2가지 방향이 있다. 이 2가지가 가능하다면 뛰어난 컨설턴트다.

유능한 세일즈 퍼슨은 누구와도 상담할 수 있다

☀ 고객이 세일즈 퍼슨에게 요구하는 것

최근 기업 내에서 교육과 지식경영을 웹상에서 하는 E-러닝(E-Learning)이라는 것이 증가하고 있다. 우리 회사에도 E-러닝 시스템과 관련된 상담이나 의뢰가 들어온다. 이럴 때는 시스템 벤더(vendor)와 파트너십을 형성하여 후방 지원을 하면서 고객에게 제안이나 제공을 한다.

세계 최대라고 하는 금융기관 영업 팀에게 지식경영 상담을 받았을 때의 일이다. 이럴 때는 어떤 시스템을 사용하는가에 따라 전체 구성도 달라지기 때문에, 평소 알고 있던 시스템 벤더 몇 회사의 세일즈 퍼슨과 영업 SE 여러 명에게서 제안을 받았다. 그들이 보자면 결국

나도 고객이다.

　사전 느낌으로 가장 매력을 느낀 것은 N사의 새로운 시스템으로, 오늘이 그 프레젠테이션을 하는 날이다. 프레젠테이션이 시작되기 전에 나는 제안의 개략을 듣고 나서 질의응답을 많이 하여 무엇이 가능하고, 무엇이 불가능한지 오늘 안에 명확히 해야겠다고 생각하면서 N사에 갔다.

　임원들의 인사가 끝나고 프레젠테이션이 시작되었다. 호화롭고 푹신한 빨간 소파에 앉아서, 파워 포인트 슬라이드쇼와 엔지니어의 잘 준비해온 설명, 대규모 데몬스트레이션에 열중하고 감동하는 상황에서 프레젠테이션이 진행되었다.

　과연 새로운 시스템인 만큼 지금까지는 없었던 기능도 다양하게 있었다. 이것을 자기 제안에 어떻게 활용할 수 있을까 고민하며 두근두근하면서 들었다. 설명이 모두 끝나고 질의응답 시간이 되었다. 프레젠테이션을 들으면서 많은 질문이나 의문이 머릿속에 분명하게 떠올랐다. 그래서 나는 질문을 시작했다.

　"전에 말한 것처럼 이것을 거대 금융기관의 영업 지식경영에 사용하려고 생각합니다. 그래서 지금 설명해 준 다양한 기능이 내가 하려는 제안에 어떻게 도움이 될 수 있는지, 어떻게 활용할 수 있는지에 관해 몇 가지 질문을 드립니다."

즉 스펙, 기능의 설명만으로는 자기의 제안에 어떻게 활용할 수 있는지, 시스템에 문외한인 나로서는 알 수 없었다. 그래서 우리가 금융기관에 제안하려고 하는 것이 이 시스템으로 실현될 수 있는가 하는 것이 나로선 최대의 관심사였다. 그리고 이것이 오늘 프레젠테이션을 했던 N사로서는 수주할 수 있는지 가름하는 기준이다.

그런데 다음 순간 나는 얼어버렸다. 프레젠터는 이렇게 말했다.

"그것을 생각하는 것은 당신의 일이죠."

고객은 구입하려고 하는 제품의 '기능'이 알고 싶은 것이 아니라, '내게 어떻게 도움이 되는지'를 알고 싶은 것이다. 제품이 복잡하다거나, 전문성이 높을수록 제품(기능)과 자신의 수용을 연결할 필요가 있다. 전문성이 높은 제품, 서비스라면 프레젠테이션은 자연스럽게 기능, 스펙에 집중하는 경향이 있는데, 사실 그럴수록 그것들과 눈앞에 있는 고객을 연결하는 것에 프레젠테이션의 의미가 있다고 할 수 있다.

의미가 있다는 것은 고객에게만이 아니라 세일즈 퍼

슨에게도 마찬가지다. 왜냐하면 이것이 연결되지 않으면 고객은 제품을 사지 않기 때문이다. 더욱이 이것을 연결하는 것이 세일즈 퍼슨의 일이다. 그리고 그것이 가능한 사람은 앞으로 더 많은 고객이 찾을 것이다.

✦ 앞으로의 고객이 세일즈 퍼슨에게 기대하는 것

앞으로는 고객의 비즈니스에 대한 컨설팅이 가능한 세일즈 퍼슨을 요구할 것이다. 그 경향은 이미 여기저기에서 보이며, 그러한 것이 가능한 세일즈 퍼슨을 사내에서 전략적으로 육성하는 회사도 있다.

고객의 비즈니스는 세일즈 퍼슨에게는 완전히 다른 업종이다. 그러함에도 다른 업종에 대한 컨설턴트로서의 역할을 세일즈 퍼슨에게 기대하기 시작했다.

예를 들면 타이어를 판매하는 회사의 세일즈 퍼슨이 고객인 주유소, 자동차 용품점 경영 등에 대해서 컨설팅하는 것이다. 그들의 처지에서 보면 주유소와 자동차 용품점은 다른 업종이지만, 고객의 발전이 없다면 자신들의 상품(타이어)도 팔리지 않으므로 확실히 이런 것이 원원 관계를 촉진하고 있음이 틀림없다.

이러한 것을 고객이 세일즈 퍼슨에게 요구하는 시대

가 되어, 영업 부문의 영업교육도 변하고 있다. 다른 업종을 컨설팅하려면 공부를 어중간하게 해서는 안 되므로, 이것은 큰 변화다.

정도의 차는 있을지라도 변동의 시대에 사람은 자기와 하나가 되어 생각해주는 상담 상대를 원하는 것이 보편적인 심리다. 그러므로 이러한 것이 가능한 또는 적어도 이런 마인드를 가지고 있는 세일즈 퍼슨이 필요하고, 그런 세일즈 퍼슨이 성과를 올리는 것은 자연스러운 흐름이다.

마법의 대화법

사람은 제품과 서비스의 기능을 알고 싶은 것이 아니라, 자기에게 어떻게 도움이 되는지 알고 싶어한다. 그것에 부응하는 것이 세일즈 퍼슨이다. 더욱이 변동의 시대에는 고객의 비즈니스를 발전시키는 데 도움을 줄 수 있는 세일즈 퍼슨을 고객은 놓치지 않는다.

잘 듣는 세일즈 퍼슨은 이것이 다르다 ①

★ 무엇을 들을 것인가

'남의 이야기에 귀를 기울여라.'
'입은 하나, 귀는 둘.'
'단지 '듣는' 것이 아니라 마음을 담아서 '들어라.''

어렸을 때부터 듣는 것의 중요성에 대해서는 되풀이해서 들어왔다. 그런데 영업활동을 하다가 고객의 이야기를 듣는다는 것은 대체 무엇을 듣는다는 의미일까?

앞에서 메라비언의 법칙을 소개했지만, 이제 귀에 들리는 대로 듣는 것만으로는 충분하지 않음을 깨달았을 것이다. 마주 대하면서 커뮤니케이션할 때, 메시지를 전달하는 미디어는 '말', '소리', '태도·표정' 3가시다. 그러므로 이 3가지를 모두 가지고 고객의 메시지를 읽어들일 필요가 있다.

세일즈 퍼슨은 대부분 '말'보다도 '소리'에서 고객의 진심이 드러난다고 말한다. 뭔가 딴생각이 있을 때는 시선을 옆으로 돌리는 경우가 많다고 한다. 아무렇지도 않을 때에는 눈길을 돌리지 않고 아래로 떨어뜨리는 경우가 많다고 한다.

'소리'와 '태도·표정'에 어떠한 것이 함축되어 있는지는 앞에서 설명한 '현장의 분위기를 이렇게 파악한다'에서 설명한 '메라비언의 법칙'에 있는데, 여기에서는 고급 기술을 소개하겠다.

'이런 대화법을 쓰면 잘 된다'에서 4가지 타입의 말버릇을 소개했다(41쪽 참조).

'소리'와 '태도·표정'에는 4가지 유형이 있기 때문에 그것을 머릿속에 입력해두고, 그것에 맞춰서 당신의 커뮤니케이션을 조정하면서 듣는 것이 좋다.

✸ 고객 타입별 '소리'를 파악한다

▷ 억양

행동파, 사고파는 기본적으로 억양이 별로 없다. 반대로 협조파는 부드러운 억양, 감각파는 개성적인 억양으로 말하는 경우가 있다.

▷ 빠르기・틈을 두는 방식

감각파, 행동파는 말이 빨라서 틈을 두지 않으면서 말한다. 감각파는 화제가 점점 비약하며 템포가 빨라지는 경우가 있고, 행동파는 때로 중언부언한다.

그에 비해서 협조파, 사고파는 천천히, 틈을 두면서 말한다.

틈을 둘 때 협조파는 '그렇군요', '정말로……' 같은 말이 표정과 함께 들어가는 경우가 자주 있으며, 사고파는 무표정한 채로 틈을 두는 경우가 많다.

▷ 어미・어조

감각파, 행동파는 '나는 ~다고 생각한다', '이것은 ~다'라고 단언적인 어미를 자주 사용한다. 목소리도 크기 때문에 어조는 또렷하며, 강한 인상을 주는 경우가 많다.

협조파, 사고파는 '~라는 생각도 있는데요?', '이것은 ~이 아닐까요?'라고 묻는 듯한 어미를 선호한다. 그에 덧붙여서 그리 크지 않은 목소리로 말을 하기 때문에 부드러운 인상을 주는 경우가 많다.

2장 고객이 마음을 여는 듣는 법, 말하는 법

★ 고객 타입별 '태도·표정'을 파악한다

▷ 앉는 자세·손짓이나 발짓

감각파, 협조파는 움직임이 있다. 감각파는 같은 자세를 계속 유지하는 경우가 적으며, 몸을 내밀거나 등을 구부리거나 다리와 손을 끼는 등 빈번하게 움직이는 경향이 있다.

손가락과 손을 사용할 때도 어깨에서부터 전체적으로 크게 움직이는 경우도 있으므로 솔직하고 경쾌한 인상을 준다. 협조파에도 같은 경향이 있는데, 감각파에 비해서 크기, 움직임, 빈도에 차이가 있으며 부드러운 인상을 준다.

행동파, 사고파는 움직임이 적어서 비즈니스적이라는 인상을 준다.

▷ 얼굴 표정

표정이 풍부하다고 할 수 있는 것은 감각파와 협조파인데, 특히 협조파는 4가지 타입 중에서 미소를 가장 많이 보여준다.

행동파와 사고파는 그다지 표정을 보이지 않는다.

☀ 이야기를 듣고 있다는 것을 고객에게 알리려면

상담 중에 고객이 말하는 것을 듣고 있지 않은 세일즈퍼슨은 없을 테지만, 커뮤니케이션을 촉진하기 위해서 중요한 것은 듣고 있다는 사실을 고객에게 전달하는 일이다. 들어주는 것을 알면 말하는 사람은 말하기 쉽고, 더 말하려는 마음이 일어난다.

그렇다면 어떻게 해야 그것을 전달할 수 있을까? 여러분이 무의식적으로 하고 있는 것을 여기에서 한 번 확실히 의식하여 앞으로는 좀더 효과적으로 활용하자.

우선 의식하기 쉬운 것은 고개를 끄덕인다, 맞장구를 친다 2가지일 것이다. 그밖에도 많이 있다.

- 질문한다.
- 고객의 발언 중에서 특히 중요하다고 생각하는 말을 따라한다.
- 요소요소에서 요약해서 확인한다.
- 시선을 맞춘다.
- 미소짓는다.
- 몸을 상대방에게 기울인다.
- 메모한다.

어떠한가? 그밖에 하고 있는 말이 있다면 그것도 의식해보자.

들을 때는 '말'만이 아니라 '소리', '태도·표정'도 포함하여 듣는다. 커뮤니케이션의 4가지 타입을 의식하면 좀더 전략적으로 들을 수 있다. 더욱이 고개를 끄덕이거나, 맞장구를 치거나, 시선을 맞추는 행위도 효과적으로 사용하면 정보량이 배로 늘어난다!

잘 듣는 세일즈 퍼슨은
이것이 다르다 ②

☀ 말이 빗나갔다, 어떻게 할까

 말을 하지 않는 고객도 곤란하지만, 수다스럽게 이것저것 화제를 늘어놓는 고객도 곤란하다. 상담 시간이 한정되어 있다고 말허리를 끊으려고 하면 애써 형성된 커뮤니케이션에 물을 끼얹는 꼴이 된다. 그럴 때 어떻게 하는가?

 듣는 데 뛰어난 어떤 세일즈 퍼슨은 말을 들으면서 꾀를 내는데, 그 결과 고객 자신도 알아채지 못하는 사이에 본론으로 되돌아온다고 한다.

 그 요령은 아무래도 고객이 말한 '키워드'를 사용한 데에 있을 것 같다.

 예를 들면 상담은 본론에 대해서 토론하는 것으로 시

작하는데, 정신을 차리고 보니 벌써 15분이나 잡담을 하고 있어서 어떻게 해야만 하는 상황이 되었다. 이럴 때는 잡담 전에 나온 키워드를 사용하여 대화를 이끈다고 한다.

'앞서 말씀하신 ○○(키워드) 말씀, 좀더 들려주시면 좋겠습니다만.'

그러면 말허리를 끊는다는 인상을 주지 않으면서 자연스럽게 본론으로 되돌릴 수 있다고 한다.

또한 대화 도중에 키워드가 차례차례 나와서, 화제가 연달아 있는 고객의 경우에는 이야기를 좀더 깊게 하기 위한 키워드를 하나 선택하여 되묻는 것도 효과적이다.

"어제 국제전시장에서 E-러닝 심포지엄에 참여했는데, 그 분과회에 ○○라는 어플리케이션 프레젠테이션이 있었습니다. F사의 Y부장이 와서 이번에 F사가 내놓은 △△라는 신제품의 스펙이 독창적이고, ××라고 말하는 것 같았습니다만, 이제까지 가능하지 않았던 ◇◇가 가능하도록 되었다고 하더군요."

이런 고객의 이야기를 들으면서 당신이 더 알고 싶은 것에 대해 좀더 말을 해달라고 하고 싶으면, 이렇게 맞장구를 친다.

'E-러닝이오?'

'Y부장을 만나셨군요.'

'△△라는 이름은 처음 듣습니다.'

그러면 그 뒤 대화는 말하고자 하는 키워드 방향으로 자연스럽게 전개될 것이다.

★ 대화하면서 메모하는 요령

상담에서는 대화하면서 메모하는 경우가 많다. 대화가 본론에 접어들어 점점 귀중한 정보가 나오면, 빠짐없이 기록하려고 열심히 메모한다. 그런데 정신을 차리고 보면 고객의 대화 페이스가 떨어지고 활기가 떨어져버릴 우려가 있다.

메모는 커뮤니케이션 공간을 가로막는 장애물이라고 할 수 있을 정도여서 듣는 사람이 메모에 몰두하면 말하는 사람은 말하기 어려워지는 경우도 있다. 왜냐하면 듣는 사람의 눈이 메모에 머물러 있는 상태가 되면, 대화에서 중요한 눈맞춤을 할 수 없기 때문이다.

메모는 업무상 반드시 필요하고, 말하는 사람에게도 듣는 사람이 메모하는 것은 열심히 '듣고 있다'는 메시지이므로 유용하다.

다만 문제는 눈맞춤을 할 수 없다는 것이다. 듣는 사

람이 밑을 보면 말하는 사람으로서는 커뮤니케이션이 쌍방향으로 이루어지고 있다는 느낌이 사라진다. 따라서 말수가 점점 줄어들거나 어조가 수그러드는 경향이 있다.

'이것은 정말로 중요하군요.' '지금 말씀하신 것이 최우선 과제라고 저도 생각합니다'라며 눈맞춤이 이루어지지 않는 만큼 말로 보충하는 것이 중요하다.

또한 다른 사람이 같이 있는 상담에서는 메모하는 사람을 정해두는 것도 좋은 방법이다. 질문이나 경청을 담당하는 사람과 메모를 담당하는 사람을 미리 정해두면 고객과 눈맞춤이 사라질 우려는 없다.

또 하나 자주 일어나는 상황이 전화할 때의 메모다. 전화로 나누는 대화는 마주보고 얘기할 때보다 빠르게 진행되는 경우가 많고, 말하는 사람이 듣는 사람을 볼 수 없기 때문에 말하는 사람의 페이스대로 끌려가기 쉽다. 그래서 전화 메모를 잘 할 수 없으니 어떻게 하면 좋으냐고 물어온다. 이런 경우에는 적절하게 맞장구를 치면서 시간을 벌어 메모하면 된다.

"(말씀하신 것은) ○○이라는 것이 좋다는 것이지요?"

"이것은 중요한 것이므로 확인하고 싶습니다. 다시 한 번 말씀해주시겠습니까?"

이런 식으로 상황에 따라 다양하게 응용하여 써먹자.

대화가 본론에서 벗어날 때는 본론에서 벗어나기 전에 나온 키워드를 되물음으로써 본론으로 돌아갈 수 있다. 또한 맞장구로 키워드를 따라하면 화제는 자연히 그쪽으로 향한다. 메모할 때는 보통 때보다 더 맞장구를 치면서 고객의 이야기를 재촉하면 의도한 대로 대화를 유도할 수 있다.

3장

고객이 '사고 싶다!'고 말하게 되는 대화법

고객에 대한
'오리지널 한정 제안서'를 만들자

★ 오리지널이란 '그 고객 한정'인 것

'저희 회사의 제품은 ××라는 점이 뛰어나고……' 하면서 파는 사람이 '장점'으로 생각하는 점부터 이야기를 시작하지는 않는가? 또는 상품 팸플릿에 씌어 있는 순서대로 이야기를 진행하지는 않는가?

제안은 '고객의 수요'에 따라 하는 것이 철칙이다. 그러므로 제안서는 이렇게 쓴다.

① 고객의 수요를 먼저 적는다.
② 그 수요를 만족시키기 위해 상품의 기능(사양, 성분) 중에서 유용한 것을 뽑는다.
③ ②가 어떻게 해서 ①을 만족시키는지 설명한다.

고객의 수요는 당연히 복수일 것이므로 그 수만큼 ①, ②, ③을 반복한다.

그러므로 제안서는 팸플릿에 기재되어 있는 설명을 그대로 전용하는 것이 아니라 오리지널로 만들 필요가 있다. 오리지널은 '그대로 다른 고객에게 가져가서는 쓸 수 없는 것'이다.

말로 제안하는 경우이든 제안서를 만드는 경우이든 대략적으로 제안할 수 있게 되기 전까지는 고객의 희망과 수요를 듣는다. 듣지도 않고서 제안서를 쓰기 시작하는 사람도 있지만, 그러면 좋은 결과를 낳을 수 없다는 점은 앞에서 설명했다. 따라서 우선 고객의 수요를 명확하게 듣는 것이 중요하다.

고객의 수요 가운데 가장 중요한 것은 ○○, 두 번째는 ○○, 세 번째는 ○○이라고 하나하나 쓸 수 있을 정도로 파악한다.

그것이 가능하지 않으면 역시 제안하는 단계가 아니다. 하나하나 쓴 것은 틀림이나 오해가 있는지 어떤지 고객에게 다시 확인하는 것이 중요하다.

그것이 확정되면 드디어 제안한다. 그때 범하기 쉬운 잘못이 '당신이 생각하는' 상품의 장점이나 특징부터 말을 시작하는 것이다. 또는 훌륭하게 만든 팸플릿을 펴서

거기에 있는 순서대로 말한 경험은 없는가?

그렇지만 사실 그것은 고객의 처지에서 보면 불친절한 제안이다. 그러한 제안을 듣고서 격노하는 고객도 있을 수 있다. 왜 그럴까?

🌟 고객은 '좋은 상품'이라서 사는 게 아니다

당신은 고객이 왜 사는지 생각해본 적이 있는가? '좋은 상품이라서 사는 것이다'라고 착각하지는 않는가?

고객은 그 상품이 '좋아서' 사는 것이 아니다. '사고 싶어서' 산다. '좋은 상품'이라는 것은 '사고 싶은 기분'이 드는 원인의 하나에 지나지 않는다.

이것은 구매자의 처지가 되어 생각해보면 이해하기 쉽다. 예를 들어 당신이 백화점에 셔츠를 사러 갔다고 하자.

신사복 매장에는 여러 종류의 셔츠가 아름답게 진열되어 있다. 마음에 드는 셔츠가 있는 점포에 들어가서 진열되어 있는 셔츠를 만지자 점원이 말을 걸어왔다.

"어떤 셔츠를 찾으십니까?"

"출장이나 프레젠테이션이 많아서 구김이 잘 가지 않는 것을 찾습니다."

"이쪽에 있는 셔츠는 밀라노에서 갓 수입한 신제품으

로 옷감에 캐시미어가 들어 있어서 느낌도 좋고 무척 예쁩니다. 올해 유행하는 실루엣으로 탄력성이 있는 모직이며, 봉제도 보통의 이탈리아 것에 비해 꼼꼼합니다. 게다가……."

이런 식으로 이어지는 말을 들으면서 당신은 내가 오늘 왜 셔츠를 사려고 했을까 떠올릴 것이다.

전국에 고객이 있는 당신의 생활은 출장의 연속이다. 지난주에도 비행기에서 내리자마자 고객 사무실을 방문하여 프레젠테이션을 했다. 그때 문득 유리창에 비친 자신의 모습을 보니 구겨진 셔츠가 눈에 들어와 초조해진 까닭에 프레젠테이션도 잘 안 되었고 결과도 좋지 않았다.

그래서 출장에서 돌아와서 구김이 잘 가지 않는 소재의 셔츠를 구입하려고 결심했던 것이다.

캐시미어가 들어 있으면 어떤 장점이 있는지 모르겠지만, 왠지 좀 좋아 보이고 옷감의 느낌도 좋고, 실루엣도 유행하는 것이라서 매력적이다.

하지만 내가 사러 온 것은 프레젠테이션에서 실패하지 않는 '구김이 잘 가지 않는 소재의 셔츠'였다. 그래서 점원의 말 중간에 끼어들어 말할 것이다.

"그런데 구김에는 어떤가요?"

★ 고객의 수요에 따라 제안한다

업무 현장에서 고객에게 그와 똑같은 소리를 듣지 않기 위해서 하는 것이 '오리지널 한정 제안서'다.
이 경우 당신의 수요는

① 장시간 앉아 있어도 구겨지지 않는 셔츠를 원한다.
② 프레젠테이션 등에서 훌륭하게 보이고 싶어한다.

그렇다면 설명은 다음과 같아야 한다.
"이쪽의 셔츠는 고급 소재로는 드물게 탄력성이 있는 모직이라서 잘 구겨지지 않습니다. 게다가 캐시미어가 15% 함유되어 있어서 옷감의 느낌이 좋으며 프레젠테이션할 때 맵시가 있습니다."
이렇게 우선은 고객의 2가지 수요를 만족시킨다는 점을 전달한다. 그에 덧붙여서 "실루엣도 올해 유행하는 것으로 고객에게 꼭 맞고, 봉제도 꼼꼼합니다" 하고 계속하면 된다.
보통의 상담이라면 제안하기 전에 한 번 이상 만나서 고객의 수요가 무엇인지 들어야 한다. 그런데도 팸플릿 기록에 따라서 이야기를 시작하면 고객의 기분은 어떨까?

그런 경우 고객은 자기의 머릿속에서 세일즈 퍼슨의 설명과 자기의 수요를 맞추는 작업을 해야만 한다. 하지만 그것은 전문지식이 없는 고객에게는 의외로 어려운 작업이다.

고객의 그러한 고생을 덜어주기 위해 있는 것이 세일즈 퍼슨이 아닐까? 그렇게 맞추는 작업을 자신이 할 수 있는 고객이라면 스스로 필요한 것을 찾아낼 수 있기 때문에 당신의 손을 거치지 않고서 최적의 제품을 이미 찾았을 것이다.

이런 식으로 제안하는 세일즈 퍼슨을 만나면 고객은 이렇게 생각할 것이다.

'이 세일즈 퍼슨은 지난번에 내가 말한 것을 제대로 듣기나 한 것일까?'

'지난주에 내가 수요를 말하는 데 낭비한 한 시간은 대체 어디로 간 것일까?'

'내가 거절하면 이 세일즈 퍼슨은 이 제안서를 다른 회사에 그대로 가져가지는 않을까?'

이래서는 일을 수주할 수 없을 뿐만 아니라 신뢰조차 잃게 된다. '수요의 확인'이 없는 프레젠테이션은 아예 듣지 않는다는 고객도 있다.

이러한 까닭에 제안형 영업에서는 이 부분이 가장 중요하다고 할 수 있다.

> 제안한다는 것은 고객의 수요에 자기들의 상품이 어떻게 부응하는지 설명하는 일이다. 고객의 수요 중에서 우선순위가 높은 것부터 순서대로 설명하면 고객의 마음을 잡는 데 어려움이 없다.

'어려운 것'을 '쉽게' 전달해야 고객이 듣는다

★ 전문용어가 서너 개만 나오면 듣고 싶지 않다

오리지널 한정 제안서를 만들거나 프레젠테이션을 할 때 골치가 아픈 것이 전문용어다.

커뮤니케이션은 상대가 이해할 수 있을 때 비로소 가치가 있다. 그러므로 보통 상담에서는 어려운 전문용어나 업계 용어는 알기 쉬운 보통의 말로 바꿔서 고객에게 말할 것이라고 생각한다.

그러나 제안서나 프레젠테이션에서는 알기 쉬운 것에 더해 어느 정도 전문성과 확증성을 느끼게 해주는 편이 프로답다는 느낌을 주며, 경쟁에서 우위를 차지할 수 있다. 그러므로 '알기 쉽게 전달한다'는 것과 '전문성, 확증성을 높인다'고 하는 상반되는 2가지 테마를 어떻게 실현할지가 문제된다.

'전문용어는 사용하지 마라!'는 말을 자주 듣는데, 정말로 전문용어를 사용하면 안 될까? 여기에서 처지를 바꿔서 자기가 듣는 사람이었을 때를 생각해보자.

대화 중에 감이 오지 않는 전문용어 서너 개가 계속 나오는 바람에 내용이 너무 어렵다고 느껴져서 들을 마음이 없어졌다거나 시들해졌던 적이 있는가?

거꾸로 전문용어가 적절히 들어간 설명을 들으면 잘 이해될 뿐만 아니라 말이 명확하게 들어온 일도 경험하지 않았는가?

그래서 제안서나 프레젠테이션에 전문용어를 적절하게 집어넣는 요령을 소개한다. 이것을 사용하면 전보다 훨씬 잘 이해시킴으로써 경쟁에서 우위를 차지할 수 있다. 그것이 FAB+E라는 기술이다.

★ 전문용어는 이렇게 사용한다

먼저 알파벳을 설명한다.

F : Feature-특징

A : Advantage-이점

B : Benefit-만족

E : Evidence-증거

특징이란 '이것은 무엇인가' 하는 것으로 기능, 사양, 스펙, 성분 등을 가리킨다. 여기에서는 전문용어가 자주 등장한다. **이점**이란 그 특징이 어떠한 장점이 있고 비슷한 다른 제품과 달리 어떤 점이 뛰어난가 하는 것이다.

만족이란 특징, 이점이 그것을 사용하는 사람(고객)에게 어떤 만족을 주는가 하는 것이다. **증거**란 특징, 이점, 만족을 뒷받침하는 것을 가리킨다.

★ FAB+E를 주변 사물로 만들어본다

FAB+E를 사용하여 중국 차 가운데 보이차의 효능에 대해 설명해보자.

F : 보이차에는 포리페놀이 다량 함유되어 있다.
A : 보이차의 포리페놀은 몸에 흡수되기 직전의 지방을 잘 분해하기 때문에 지방의 흡수를 억제하고 배출을 촉진한다.
B : 다이어트 중인데 연회 등에서 지방분이 많은 음식

을 먹어야 하는 경우에 식사 전에 보이차를 한 잔 마셔 두면 안심이 된다.

E : 이렇기 때문에 인기 있는 중국 차 중에서도 다이어트에는 보이차가 좋다고 잡지, 텔레비전 등에서 빈번하게 소개한다.

어떤가? 주변의 사물로 FAB+E를 만들어두면 업무에서도 제대로 활용할 수 있다. 또한 B는 고객의 만족이므로 만족도를 먼저 확인하고 그것을 향해 F → A로 전개하는 것이 중요하다.

고객의 만족이란 고객의 수요가 충족된 것이므로 우선 수요를 아는 것이 필요하다. 그렇기 때문에 이것은 오리지널 한정 제안서를 작성할 때 매우 유용한 기술이다.

마법의 대화법

'어려운 것'을 '쉽게' 전달하려면 전문용어를 사용하지 않고 알기 쉬운 말로 풀어낸다. 더욱이 '명확성', '전문성'을 전달하면서 고객의 수요를 만족시키기 위해 특징(전문용어)→이점→만족이란 이야기 흐름을 취하고, 마지막에 증거가 되는 사례를 덧붙이면 우위를 차지할 확률이 높아진다.

프레젠테이션할 때
처음 1분은 이렇게 말한다

☀ 처음 하는 말이 '유머'라면 위험하다

여러 책에는 '프레젠테이션할 때 처음에는 좌중을 사로잡는 것이 핵심이므로 마음에 드는 유머로 긴장을 풀고, 청중을 끌어당겨라'라는 말이 자주 나온다. 그 탓일까, 세일즈 퍼슨의 프레젠테이션을 코치할 때 '웃음'을 자아내려는 말이나 동작을 처음에 하게 하는데, 그것을 보는 청중의 긴장감은 오히려 높아진다.

프레젠테이션 기술은 대부분 서구에서 들어왔는데, 서구인과 인도인 등을 대상으로 하면 유머가 도입부에 자연스럽게 녹아들 수 있지만, '하지 않는 게 더 나았다'는 결과가 나오는 나라도 많다.

또한 인종을 넘어서 공통적인 사항인데, 세일즈 퍼슨

이 긴장하고 있으면 유머가 긴장감을 늦추는 데 그다지 도움이 되지 않는다.

실제로 프레젠테이션 코치를 할 때 가장 많이 받은 질문이 '어떻게 하면 긴장하지 않을까' 하는 것이었다. 이러한 이유로 프레젠테이션의 시작은 '유머'로 하는 것이 아니라 다른 대책을 강구하는 편이 낫다.

여기에서는 많은 영업 프레젠테이션에서 누구나 사용하기 쉽고 효과적인 것을 자극적인 타입과 부드러운 타입으로 나누어 소개한다.

✴ 자극적인 타입의 질문은 이렇게

'사로잡는다'고 하면 청중에게 자극을 주어서 들을 마음이 '확' 들게 하는 것을 말한다. 그러한 경우에는 다음과 같은 것이 효과가 있다.

⇨ 자극적인 질문

청중이 '앗!' 할 것 같은 질문을 던지며 시작한다. 예를 들면 기존의 제품으로는 불가능했던 것이 이번에 소개하는 제품으로는 가능하게 되었다는 내용을, 그 '판매'를 처음에 묻는 형태로 제시하는 방법이다.

• 구체적인 사례 : '~가 가능해졌다면 획기적(편리, 유용)이라고 생각하지 않습니까?'

'판매'를 어디에서 꺼낼까 생각하면서도 겸손하게 마지막까지 놔두는 것이 상책이라고는 할 수 없다. 때로는 처음에 자극 질문을 하여 한순간에 관심을 모으는 방법도 효과가 있다.

⇨ 자극적인 숫자

듣는 사람이 자기도 모르는 사이에 빨려 들어갈 것 같은 '숫자'를 제시하는 방법이다.
- 구체적인 사례 : '오늘은 비용을 최대 30% 줄일 수 있는 제안을 가지고 왔습니다.'

⇨ 이익 제시

듣는 사람의 처지에서 이익을 표현하는 방법이다.
- 구체적인 사례 : '귀사의 최대 과제인 ○○를 단시간에 해결하는 것을 최우선으로 한 제안을 드리겠습니다.'

⇨ (최신) 토픽

듣는 사람이 대부분 아직 알지 못하는 정보와 화제,

뉴스를 제시하며 시작하는 방법이다. 듣는 사람이 흥미와 관심을 나타내고, 오늘 프레젠테이션의 주제에 관련성이 높으면 매우 효과가 있다.

- **구체적인 사례** : '좀 전에 인터넷에서 본 최신 정보에서는 다음 달 ××사가 ○○이라는 신제품을 발매한다고 합니다. 그것도 고려하여 오늘 말씀을 드리겠습니다.'

★ 부드러운 타입의 질문은 이렇게

온화하고 부드러운 분위기에서 시작하고자 할 때나 어떤 상태인지 미처 알지 못해서 무난하게 시작하고자 할 때 다음을 참고하자.

⇨ 공통의 화제

프레젠터와 듣는 사람인 고객의 공통 화제로 시작하는 방법이다. 보통 상담에서도 사용하는데, 불특정 다수의 고객이 듣는 사람으로서 참석하는 경우나 지금까지 만난 적이 없던 고객도 동석하는 경우에는 이에 대해 고려해야 한다.

다시 말하지만 '지금까지 만난 적이 있는 사람만을 고

려한 공통 화제'는 피해야 한다. 그렇지 않으면 처음 만난 사람은 소외감을 느낄 위험이 있다.

업계 공통의 관심사나 최신 키워드 등에서 공통의 화제를 찾는 것이 한 가지 방법이다.

⇨ 마법의 리스트

1장에서 말한 마법의 리스트에서 하나, 둘 순서대로 꺼내며 시작하는 것도 누구나 할 수 있고 리스크가 적은 방법이다. 거기에서 소개한 A씨의 사례도 역시 불특정 다수의 고객을 대상으로 한 소개 프레젠테이션에서 일어난 일이다.

마법의 대화법

프레젠테이션에서 처음 할 일은 주목을 끌고, 프레젠터와 듣는 사람의 거리를 좁히며, 분위기를 부드럽게 하는 것이다. 자극 질문, 자극 숫자, 이익 제시, (최신) 토픽 등 자극적인 시작과 공통 화제, 마법의 리스트 등 부드러운 시작을 알고 사용하면 어떤 프레젠테이션도 실패하지 않는다.

프레젠테이션에서 아젠다를 쓰면 계약까지 순탄하다

★ 아젠다를 제시하면서 모든 것이 시작된다

이러한 프레젠테이션에 참가한 적이 있는가?

"오늘 바쁘신 데도 참여해주셔서 정말로 고맙습니다. 즉시 시작하겠습니다. 저는 ○○주식회사 △△부 □□라고 합니다. 아무쪼록 잘 부탁드립니다"라고 의례적인 방법으로 시작하고, 즉시 본론에 들어간다.

본론에 들어가는 것은 좋지만, '첫째……', '둘째……', '셋째……'라고 길게 이어서 말하면 듣는 사람이 점점 불안해질 것이다.

'대체 언제까지 이어지는 것일까?'

'질문하고 싶은 것이 있는데, 도중에 손을 들어도 좋을까? 그래도 마지막에 질의응답 시간을 주겠지.'

'슬슬 담배 생각도 나고, 화장실도 가고 싶은데 휴식시간은 없나? 없으면 중간에 화장실에 가는 수밖에.'

이런 사소한 불안이 시간이 흐름에 따라 커지게 되고, 그러면 싫증이 나거나 재미없다는 마음이 든다. 더 계속하면 자신을 이런 기분에 계속 빠져들게 하는 프레젠터에 대한 미움조차 생겨난다. 물론 내용 따위는 귀에 들어오지도 않는다.

★ 아젠다란 무엇인가

이러한 비극을 고객에게 맛보지 않게 하기 위해서 그리고 프레젠테이션을 비극적인 결말로 이끌지 않기 위해서는 아젠다를 활용할 수밖에 없다.

프레젠테이션의 '아젠다'란 의제나 주제를 시계열에 따라 대략적인 소요 시간도 포함하여 알리는 것이다.

또한 듣는 사람에 대해 프레젠테이션 시간에 자신들에게 어떤 일이 일어날 것인지 명확하게 전달할 필요가 있다.

그러므로 질의응답 시간이 있는가 없는가, 있다면 어떤 타이밍에서 실시하는가, 휴식시간은 있는가 없는가, 자기들이 의견을 제시하거나 의사결정을 할 필요가 있는가 없는가, 조용히 듣기만 하면 되는가 등의 요소가 포함된다.

아젠다 제시는 종이나 파워 포인트의 영상으로 하기도 하지만, 말로 전달하기도 한다. 대개 의제는 종이나 파워 포인트 영상으로 보이고, 그것에 필요한 시간은 말로 대략적으로 전달하는 경우가 많은 것 같다.

아젠다 제시는 시간으로 치자면 몇십 초밖에 걸리지 않지만, 듣는 사람에게 미치는 영향은 엄청나다.

그런데 아젠다의 효과를 알고서 이를 효과적으로 활용하는 사람이 매우 적은 것이 현실이다.

✹ 아젠다의 효과와 요소를 파악한다

프레젠테이션을 당신이 원하는 방향으로 이끌고, 당신이 원하는 방향으로 고객이 행동하게 하기 위해서, 분위기와 듣는 사람을 컨트롤할 수 있는 것이 아젠다다. 당신이 원하는 방향으로 고객이 움직이게 하려면 안심하고 이야기에 집중하게 해야 하므로 듣는 사람이 우려나 불안을 가지지 않도록 정보를 제공해야 한다. 여기에서 담아야 할 요소가 무엇인지 생각해보자.

⇨ 안심하고 이야기에 집중할 수 있도록 하기 위한 정보

- 끝나는 시간
- 의제와 각각에 걸리는 시간
- 질의응답의 유무, 배치 시간, 배분 시간
- 휴식시간의 유무, 배치 시간, 배분 시간

⇨ 프레젠테이션 결과 고객에게 기대하는 것

- 이해해주는 것
- 코멘트나 의견, 찬성·반대 등의 느낌, 조언, 기대를 전해주는 것
- 의사결정이나 행동을 하는 것

아젠다도 제시하지 않은 채 시작하고, 일방적으로 말하다가 끝내고 나서 느닷없이 '그럼 의견, 느낌을 말씀해주시지 않겠습니까?'라고 말하며 고객을 지명하는 프레젠터를 자주 본다.

이것은 프레젠터, 듣는 사람 어느 쪽에게나 바람직한 일이 아니다.

듣는 사람으로선 '처음부터 이야기 끝에 의견을 듣는다고 말했으면 나름대로 의견을 정리하면서 들었을 텐데 갑자기 그렇게 말하면 건성건성 말할 수밖에 없잖

아'라고 부정적인 기분이 든다.

그렇게 되면 자기가 기대하는 의견을 들을 수 없기 때문에 프레젠터도 좋지 않은 결과에 이르게 된다.

상대에게 기대하는 것을 명확하게 전달하고 시작하는 것이 인간관계의 기본이며, 이것이 신뢰에 영향을 준다. 처음에 이런 것을 말하지 않는 자세는 상대에게 의도를 명확하게 말하지 않은 채 다가가서는 갑자기 무엇인가(의사결정, 행동 등) 요구하는, 페어플레이가 아닌 행위라는 인상까지 준다.

신뢰관계에 기초하여 각각의 측면에서 의도를 명확히 하면서 고객과 공정하게 논의하는, 진정한 의미에서 윈윈 영업활동이 늘어난다면 세일즈 퍼슨에 대한 고객의 인식이나 사회적인 인식도 변하고 그것이 또한 세일즈 퍼슨에게 반영되는 선순환이 일어날 수 있다. 그런 것이 경제활동에 널리 좋은 영향을 주며 기분 좋은 사회가 되는 데 기여하지 않을까.

마법의 대화법

프레젠테이션을 시작할 때 아젠다를 제시한다. 의제, 시간, 듣는 사람에게 기대하는 것을 밝힌다면, 듣는 사람은 점점 집중할 것이고, 따라서 바라는 결과를 얻을 수 있다.

1시간을 최대한 활용하는 말의 얼개 짜기

★ 시간 배분 때문에 비극을 부르지 않기 위해서

앞에서 처음으로 아젠다를 제시하는 것의 효과에 대해서 말했다. 아젠다는 의제, 주제와 시간을 취급하는 것인데, 시간 배분을 포함한 전체의 구조는 어떻게 해야 성공할까?

예를 들어 고객이 낼 수 있는 시간이 1시간이라고 하자. 자주 접하는 실패 사례의 전형적인 예는 1시간 중 50분 정도를 세일즈 퍼슨의 말로 써버리는 것이다. 1시간 중 50분을 말하고 난 뒤 10분을 질의응답으로 썼는데 뭐가 실패냐고 할 수도 있겠지만, 실행한 본인들은 '실패였다'고 말한다.

나는 이런 실패를 경험한 적이 있다. 언젠가 오랫동안

알고 지내던 고객 기업에서 규모가 큰 입찰이 있었다. 입찰 신청자들이 고객 회의실에서 아침부터 하루 종일 1시간씩 나눠서 프레젠테이션을 했을 때에 있었던 일이다.

주어진 시간이 1시간이었기 때문에 40분 정도를 제안 내용을 설명하는 데 사용하고, 20분을 질의응답에 쓰기로 하는 대략적인 아젠다로 임했다.

시간이 되어 회의실에 들어가니 고객은 처음 본 과장을 포함하여 수십 명이 ㄷ자형으로 나란히 앉아 있었고 우리 직원 3명은 마치 ㄷ자에 에워싸인 듯한 형상으로 섰다. 인사를 마치고 막 시작하려는 순간 갑자기 고객이 '15분 안에 프레젠테이션을 끝내주시기 부탁드립니다'라고 말하는 것이었다.

내 귀를 의심했지만 아무래도 농담이 아닌 것 같았다. 수십 명의 고객에게 에워싸여 돌연 생각난 것은 이런 방법이다.

아젠다로서 '설명', '질의응답' 두 가지밖에 생각하지 않았기 때문에 우선 질의응답은 하지 말고, 설명은 40분 동안 말할 내용을 빨리 말하여 15분 안에 소화하자. 그 결과 입찰에서 지고 말았다. 이러한 경우에는 대체 어떻게 해야 하는가?

✺ 1시간은 이렇게 구성한다 : 도입

도입 부분은 고객의 상황을 파악해 오늘 1시간의 얼개를 명확히 하고, 듣는 사람을 내 쪽으로 끌어당기기 위한 것이다.

내용은 '최초 1분은 이렇게 말한다'에 있는 것처럼 자극 질문, 자극 숫자, 이익 제시, 최신 토픽, 공통 화제, 마법의 리스트 등에서부터 시작하며, 아젠다를 제시하는 것이 포인트다.

그밖에도 듣는 사람이 안심하고 말에 빠져들 수 있도록 하기 위한 정보를 전달한다. 특히 그 자리의 환경이 좋다면 듣는 사람이 영향을 많이 받는다는 사실을 알아야 한다.

예를 들면 공기 조절 온도 설정이 모든 사람에게 꼭 맞는 것은 아니기 때문에, 느끼는 방식의 차이, 남녀 차이, 장소에 적응하는 방법의 차이 등을 고려해서 이쪽에서 미리 사과나 의뢰 등을 해두는 것이다.

프로젝터 등의 기재가 있는 경우에는 시야를 가리는 것은 없는가, 기재에서 나오는 열이나 소리가 특정 방향에 있는 사람에게 불편을 주지는 않는가 등 듣는 사람의 처지에서 고려하여 필요한 대응을 도입 부분에서 한다.

⭐ 1시간은 이렇게 구성한다 : 본론

프레젠테이션에서 보통 핵심은 3가지라고들 한다. 그러나 현장에서 실감한 것은 듣는 사람의 머리에 남는 것은 두 가지라는 사실이다. 영업활동에서 말은 수주를 위해 행동하는 것이므로 그 자리에서 이해시키는 것만으로는 충분하지 않고 기억에 남겨야만 의미가 있다. 기억에 남길 것까지 생각한다면 포인트는 두 가지로 압축하는 것이 효과가 좋다.

원래 논점이 두 가지밖에 안 되는 경우는 별로 없어서 보통 5개 항목 정도를 본론에서 늘어놓는 일이 많다. 이럴 때 고객의 머리에 남는 것은 두 가지라는 사실을 알고서, 강약이나 우선순위 배치를 냉정하게 해야 한다.

과거 내 실패 사례에서는 알고 지내던 고객이라는 사실 때문에 사전준비를 소홀히 하여 논점을 건성으로 압축했고, 시간을 단축시키면 무엇을 말하고, 무엇을 버릴지 취사선택하지 않고 모든 것을 남기겠다는 생각에 종합적으로 설명한 것이 패인이었다.

사전에 논점의 우선순위를 제대로 배치해두면 어떤 경우에도 단축된 시간에 대응하여 취사선택을 할 수 있고, 임팩트가 있는 프레젠테이션을 할 수 있다.

✱ 1시간은 이렇게 구성한다 : 결론

다양한 업계에서 활동하는 세일즈 퍼슨의 프레젠테이션을 보면 공통적으로 결론을 훌륭하게 맺는 프레젠터가 인상에 남는다.

진기함을 자랑할 필요도 없고, 시간을 들여 세세하게 말할 필요는 없지만, 오늘의 이야기를 정리하여 기억에 남게 하기 위한 키워드, 핵심 구절을 말할 것인가 아닌가는 커다란 분기점이다.

여기에서 어려운 기술은 필요없기 때문에, 고객의 기억에 남게 하기 위해 짧은 말이나 문장을 마지막에 다시 한 번 말하고 마치는 습관을 들이자.

✱ 중요한 것은 쌍방향으로 진행한다는 점

상담, 프레젠테이션 등 명칭이나 자리의 형태가 어떻든지 고객과 대화하는 것이므로 '쌍방향'의 대화라는 사실을 명심해야 한다.

설령 큰 강연장의 단상에서 화면이 큰 프로젝터 영상을 보며 설명하더라도 쌍방향을 위한 고안은 가능하다. 예를 들면 강연장에 있는 모든 사람이 눈맞춤을 받고 있다고 느낄 수 있도록 시선을 두거나, 어미를 '.'로 끝내지 않고 '?'로 묻는 듯이 한 호흡을 더 두는 것 등이다.

앞에 소개한 세일즈 퍼슨의 이야기에서 왜 50분 설명과 10분 질의응답 때문에 실패했다고 느끼는지는 이 '쌍방향'이라는 점과 관계가 있다. 단순한 설명과 질의응답이라면 자료를 메일로 첨부해서 보내거나 질문도 메일로 끝낼 수 있는 시대다. 실제로 '단순히 설명만 하는 프레젠테이션이라면 메일로 자료를 보내주면 좋겠다'라고 말하는 고객이 늘어나고 있다.

웹이 널리 보급된 요즘, 사람들이 모인다는 것은, 꽤 많은 노력과 비용을 들일 것으로 예상되는 상담이나 프레젠테이션을 세일즈 퍼슨이 해주기 바라기 때문이다.

이것은 '말을 잘 한다'거나 '퍼포먼스가 뛰어나다'는 하찮은 것이 아니라 본질적인 것, 즉 사람이 사람과 만난다는 것이 주는 상승효과, 에너지의 교환이다. 그리고 이것은 세일즈 퍼슨이 일방적으로 이야기하여 실현할 수 있는 것이 아니라 쌍방향 커뮤니케이션을 통해 비로소 실현될 수 있는 것이다.

그렇기 때문에 다른 사람과 쌍방향으로 소통할 수 있는 인간이 이전에도 필요했다. 그런 사람이야말로 앞으로 경제를 창조할 수 있는 키 퍼슨(key person)이다.

앞의 사례로 돌아가면, 50분 설명과 10분 질의응답이라는 프레젠테이션을 실시한 후 세일즈 퍼슨이 깨닫는 것이다. '50분이라는 시간의 질'과 '10분이라는 시간의 질'의 차이를. 마지막 10분에 이루어진 의견 교환, 지혜 교환, 에너지 교환의 질이 높으면 높을수록 더욱 빨리 이것을 시작했어야 했다고 생각하게 된다.

대화의 내용이나 처지에 따라 다르겠지만, 유능한 세일즈 퍼슨일수록 설명을 짧게, 질의응답을 길게 하는 경향이 있다. 일반적으로는 30분, 30분 정도가 적당한 밸런스라고들 한다. 여전히 유능한 세일즈 퍼슨이 많은 것은 아니므로 조금 고민하는 것으로 두드러지는 존재가 될 수 있을 것으로 생각한다.

마법의 대화법

이야기에는 도입, 본론, 결론을 둔다. 본론에서는 포인트를 2가지로 압축하면 고객의 기억에 남는다. 가장 중요한 것은 쌍방향 커뮤니케이션이라는 사실을 항상 잊지 않는 것이다. 그것만으로도 두드러지는 세일즈 퍼슨이 될 수 있다!

생각을 전달하는 '마법의 눈맞춤'

★ 눈맞춤을 최대한 활용하고 있는가

눈은 입만큼이나 많은 것을 말한다고 하는데, 앞서 본 메라비언의 법칙에서도 말보다 강력하게 의사를 전달하는 것이 태도·표정이었다. 그중에서도 큰 비중을 차지하는 것이 눈맞춤(eye contact)이다.

한 번이라도 자신의 프레젠테이션에 관하여 충고를 받은 적이 있는 사람이라면 반드시라고 할 정도로 눈맞춤에 관한 말을 들었을 것이다.

영업 프레젠테이션에서 자주 보이는 눈맞춤에는 이런 것이 있다.

- 특정한 사람에게만 시선을 맞춘다.

- 바라보기 쉬운 방향(좌우, 정면 등)이나 보기 쉬운 곳만 본다.
- 눈맞춤보다 자료, 컴퓨터, 스크린 등을 보는 시간이 많다.
- 웃으면서 고개를 끄덕이는 사람만 본다.
- 이쪽을 보지 않는 사람이나, 심각한 표정으로 팔짱을 끼고 있는 사람은 무의식적으로 피한다.
- 자신은 눈맞춤을 한다고 하는데, 듣는 사람이 보면 누구와도 시선을 맞추지 않는 것처럼 보인다.
- 열심히 눈맞춤을 하지만, 듣는 사람이 시선을 피한다.

이래서는 애써 눈맞춤이라는 강력한 영업 수단을 사용하지 않은 것과 마찬가지다. 어떻게 하면 눈맞춤을 충분히 활용할 수 있을까?

✸ 눈맞춤은 이렇게 하면 더 좋다

흔히 있는 눈맞춤은 어떻게 해서 일어나는지, 어떻게 하면 더 개선할 수 있는지 하나씩 살펴보자.

⇨ 특정한 사람에게만 시선을 맞춘다

지금까지 오래 알던 담당자나 의뢰를 해온 사람에게 자연히 시선이 간다. 더욱이 자신이 긴장하고 있는 입찰 자리 등에서 매달리는 듯한 생각으로 그 사람만을 보는 경우도 있다.

그러나 업무는 그 사람만의 힘으로 실현되는 것이 아니다. 오히려 그 사람은 당신에게 자기는 보지 않아도 되니까 회사 내의 다른 사람들(결정권자, 상사, 반대의견을 가진 사람 등)을 향해 열심히 프레젠테이션을 해주기 바랄 것이다.

처음에는 특정한 사람을 바라보며 말을 시작하더라도 되도록 빨리 전원에게 균형 있게 시선을 안배해야 한다.

⇨ 바라보기 쉬운 방향(좌우, 정면 등)이나 보기 쉬운 곳만 본다

듣는 사람이 ㄷ자형으로 앉아 있을 때 프레젠터는 무의식적으로 편한 방향으로 자세를 취하기 때문에 시선도 그쪽으로 가는 경향이 있다. 또한 몇십 명, 몇백 명이 모인 자리에서는 전방만 보면서 멀리까지 시선을 주지 못한 채 끝내버리는 경우도 자주 있다.

우선 ㄷ자형 자리에서는 천천히 끝에서 끝까지 한 사

람씩 눈맞춤을 하는 것이 좋다. 사람이 많이 있는 경우에는 시선이 가기 어려운 네 귀퉁이의 포인트를 인식하여, 그 네 지점을 잇는 것처럼 시선을 움직이면 전체에게 시선을 던지는 것처럼 보인다.

그 네 지점은 전방의 좌우 끝과 후방의 좌우 끝이다. 이 네 지점을 지그재그로 이으면서 보는 것이다. 마치 Z를 그리듯이 움직였으면 이번에는 거꾸로 Z를 그리듯이 움직이는 것이다.

⇨ **눈맞춤보다 자료, 컴퓨터, 스크린 등을 보는 시간이 많다**

말하는 시간의 70%를 듣는 사람과 눈맞춤을 하면 비로소 '이 프레젠터는 이쪽에 눈길을 잘 준다'는 인상을 줄 수 있다. 그러기 위해서는 몇 차례 연습하여 내용을 거의 보지 않고 말할 수 있게 해야 한다.

비즈니스 프레젠테이션에서는 대부분 그것만을 위한 준비 시간이 부족하거나, 내용이 복잡하여 모든 것을 외울 수 없는 상태에서 임하는 것이 현실이지만, 향상의 여지가 있다는 점은 알아두자.

⇨ **웃으면서 고개를 끄덕이는 사람만 본다**

이것도 사람의 자연스러운 심리다. 그러므로 프레젠

테이션 경험이 적은 사람은 웃는 사람과 눈맞춤을 하며 시작하면 좋다고 충고하는 선배도 있다. 다만 계속 그 사람만 보는 것이 상책이 아니라는 것은 앞서 설명한 대로이며, 본론에 들어갈 때까지 전체를 훑어보려고 노력해야 한다.

⇨ **이쪽을 보지 않는 사람이나, 심각한 표정으로 팔짱을 끼고 있는 사람은 무의식적으로 피한다**

수첩 자료에 눈길을 준 채 프레젠터를 보지 않는 청중과 눈맞춤을 어떻게 하느냐는 질문을 자주 받는다.

나는 이러한 사람에게도 다른 사람과 똑같은 시간, 눈맞춤을 하려고 한다. 눈을 내리깔고 있기 때문에, 정확하게는 그 사람에게 시선을 준다고 해야 할 것이다. 그 사람에게 시선을 주는 시간을 눈맞춤을 하는 다른 사람과 같은 길이로 한다는 것이다. 그 사람에게도 같은 에너지를 보내려는 마음이 있기 때문이다.

실천적인 이유는 그 사람을 무시하지 않는다는 것을 다른 사람에게 보여주기 위해서다. 또한 이런 사람도 한 시간 중에 몇 번은 고개를 들 것이기 때문에, 우연히 시선이 마주치는 경우도 있다.

심각하거나 무표정한 얼굴, 예리한 눈빛이나 도전하

는 듯한 시선과 마주치면 누구나 기가 죽는다. 또는 반발을 느끼는 경우도 있을지 모르겠다. 이런 경우 듣는 사람에는 두 가지 타입이 있다.

그러한 표정이나 시선이 원래 그런 경우와 왠지 부정적인 마음이나 의지를 드러내는 경우다. 전자의 경우 보통 때와 같이 대해주고, 후자의 경우 보통 이상으로 마음을 써서 부정적인 태도에서 벗어나도록 할 필요가 있다.

당신이 계속해서 눈맞춤을 피한다면 전자는 그것을 계기로 하여 부정적으로 될 가능성이 있고, 후자는 당신이나 제안에 대해 반대할지도 모른다.

프레젠테이션은 그 자리에 있는 모든 사람이 함께 만들어내는 퍼포먼스는 아닐까? 그렇다면 밑을 보는 사람이나 엄숙한 표정을 지으며 팔짱을 끼고 있는 사람도 멤버의 일원임에는 틀림이 없다.

⇨ **자신은 눈맞춤을 한다고 하는데, 듣는 사람이 보면 누구와도 시선을 맞추지 않는 것처럼 보인다**

이것은 한 사람 한 사람에게 시선을 맞추는 시간을 길게 하면 해결할 수 있다. 눈맞춤이 있다고 느끼게 하려면 시간으로 치자면 5초 정도, 말로 치자면 한 문장이나 몇 개의 구절을 다 말하기 전까지는 한 사람에게서 시선을 떼지 않는다.

초보 프레젠터는 겨우 1, 2초밖에 시선을 주지 않기 때문에 듣는 사람이 시선을 맞추지 않는다고 느끼는 것이다.

⇨ **열심히 눈맞춤을 하지만, 듣는 사람이 시선을 피한다**

이것은 프레젠터에게 원인이 있거나 듣는 사람에게 원인이 있다. 어느 쪽이든 눈이 아니라 코, 입술, 목젖을 보면 개선할 수 있다.

프레젠터에게 원인이 있는 것은 시선이 강하거나 분위기가 강하기(밀어내는 것이 강하기) 때문이다.

듣는 사람에게 원인이 있는 것은 커뮤니케이션 유형으로서 눈을 마주치는 것을 그다지 선호하지 않는 경우와 지역적인 관습이 배경에 있는 경우 때문이다.

마법의 대화법

눈맞춤은 때때로 말 이상의 웅변이다. 눈맞춤을 프레젠테이션의 무기로 사용하려면 자기가 어떻게 하고 싶은가가 아니라 듣는 사람을 어떻게 하고 싶은가, 프레젠테이션을 어떻게 이끌 것인가를 프로의 자세로 생각하면 그 자리에 알맞은 눈맞춤을 할 수 있다.

좋지 않은 말버릇, 이렇게 고친다

★ 말버릇 체크 포인트

프레젠테이션에서 필요한 기술은 두 가지 종류로 나눠서 기억해두면 좋다. 하나는 시나리오 기술, 즉 말 내용에 관한 것이고 다른 하나는 전달 기술, 즉 행동거지에 관한 것이다. 앞에서 말한 눈맞춤은 전달 기술의 하나다.

여기에서는 눈맞춤 이외의 전달 기술에 대해서 말하려고 한다. 예를 들면 이러한 것 때문에 고생한 적이 있는가?

- 원래 말이 빠른데, 긴장하면 더 빨라진다.
- 목소리가 작다.
- '에~', '그~' 하는 말을 많이 한다.

- 말하면서 몸을 움직이는 버릇이 있어서 자주 지적을 받는데 고쳐지지 않는다.
- 움직임에 리듬이 없고, 듣는 사람을 지루하게 만든다.
- 화이트보드나 스크린을 사용하면서 말할 때의 움직임이 정해져 있지 않다.

이러한 것이 원인으로 작용하여 듣는 사람에게 호감을 얻지 못하거나, 듣는 사람을 이야기에 집중시키기 어려워서 설득력이 결여된 적은 없는가?

★ 개선의 숨은 기술, 이것이 포인트

이러한 것을 개선하는 방법 중에서 실제로 효과가 좋은 것이나 숨은 기술을 소개하겠다.

⇨ **원래 말이 빠른데, 긴장하면 더 빨라진다**

말이 빨라진다고 느껴지면 '틈'을 두어야 한다. 말이 빠른 사람은 보통 거의 한 호흡 하고 나서 틈을 두는데, 이것을 세 호흡 정도로 한다. 그 정도 틈을 두면 비로소 듣는 사람은 지금까지 들은 말을 이해하여 정리하고, 다음 이야기를 들을 준비를 할 수 있다.

　말이 빠른 사람은 틈을 두는 것에 익숙하지 않고 침묵의 시간을 공포스러워할 것 같은데, 듣는 사람으로서는 친절한 것이어서 공포를 느낄 필요가 없다고 인식해야 한다.

⇨ 목소리가 작다

　말을 또렷하게 발음하면 작은 음성이라도 멀리까지 다다른다. 프로의 세계에서는 발음 연습이라고 하는데, 발음이 좋아지면 말하는 페이스도 안정된다.

⇨ '에~', '그~' 하는 말을 많이 한다

　버릇은 그만두려고 해도 무의식적으로 나오는 경향이 있다. 그만두려고 하는 대신에 다른 버릇을 만드는 고민을 하면 의외로 잘 해결된다.

　예를 들면 '에~' 하고 말하는 버릇이 있으면 침을 삼킨다거나 숨을 내쉬고 '예'라고 바꿔 말하는 것이다.

⇨ 말하면서 몸을 움직이는 버릇이 있어서 자주 지적을 받는데 고쳐지지 않는다

　이것도 마찬가지로 무턱대고 움직이는 대신 효과적인

움직임을 적극적으로 함으로써 해결할 수 있다. 예를 들면 항상 몸을 흔들거리는 사람은 때때로 설명을 듣는 사람에게 두세 걸음 다가가거나 보드나 스크린을 가리킨다거나 하는 등 효과적인 제스처로 바꾸는 버릇을 들임으로써 해소할 수 있다.

⇨ **움직임에 리듬이 없고, 듣는 사람을 지루하게 만든다**

사람의 움직임은 자신이 생각하는 이상으로 패턴화되어 있다. 움직임에 리듬이 없다고 지적받은 사람은 대부분 프레젠테이션 이외에서도 움직임이 적다.

그러므로 이것도 앞의 항목과 마찬가지로 효과적인 동작을 몇 가지 의식적으로 반복하여 무의식중에도 조건반사적으로 나올 수 있게 하는 것이 좋다.

⇨ **화이트보드나 스크린을 사용하면서 말할 때의 움직임이 정해져 있지 않다**

이것은 구체적인 시술을 알고 습득함으로써 해결할 수 있다. 요즘 이것이 자연스럽게 가능하지 않은 사람이 급속히 늘고 있는데, 이번 기회에 몸에 익혀두면 좋을 것이다.

우선 있는 힘껏 뒤(보드나 스크린이 있는 방향)에서

물러선다. 이때 듣는 사람에게 뒷모습을 보이지 않도록 어디까지나 듣는 사람 편을 향한 채 뒷걸음치듯 서서히 물러선다.

오른쪽을 가리키면 오른손, 왼쪽을 가리키면 왼손을 사용하여 가리킨다. 손가락은 떨어지지 않도록 잘 정렬하고 손바닥을 듣는 사람에게 보이면서 모아진 손끝으로 가리킨다.

마법의 대화법

프레젠테이션에서는 말의 내용 이외의 '행동거지'도 커다란 메시지가 된다. 말이 빠르거나 들리지 않는 목소리, '에~', '어~' 등 귀에 거슬리는 말, 쓸모없는 움직임, 움직임이 없음, 보드나 스크린을 가리키는 방법 등이 개선된다면 말의 설득력이 높아진다!

고객이 즐겁게 'Yes'라고 하는 프레젠테이션을 하는 방법

★ 프레젠테이션의 목적과 목표를 명확히 한다

프레젠테이션은 말하는 것이 목적이 아니라 말한 결과를 상대에게 기대하는 것이 목적이다.

'알아주십시오', '신뢰해주십시오', '의견을 주십시오', '이해해주십시오', '사주십시오' 등 고객에게 기대하는 것이 있어서 프레젠테이션을 한다.

그리고 그 목적을 향해 오늘은 어디까지 목적으로 할 것인가 하는 이정표 같은 것이 목표다.

당신은 프레젠테이션을 준비하는 단계에서 목적과 목표를 분명히 인식하고 있는가? 또는 프레젠테이션을 시작할 때 이것을 고객에게 전달하는가? 이것을 실천하는 세일즈 퍼슨은 적은 것 같다.

사실 프레젠테이션 마지막에 고객들이 'Yes'라고 말할 수 있도록 하기 위한 고민은 지금부터 시작하는 것이다.

✷ 'Yes'라는 말을 들으며 시작하는 방법

마지막에 생각한 결과를 얻기 위해서는 처음부터 포석을 깔아두는 것이 효과가 좋다. 앞에서 말한 '아젠다 요소'에서 프레젠테이션 결과 듣는 사람인 고객에게 기대하는 것을 3가지 들었다.

- 이해해주는 것
- 코멘트나 의견, 찬성과 반대 등의 느낌, 조언, 기대를 전해주는 것
- 의사결정이나 행동을 하는 것

의사결정이나 행동은 '구입을 결정해주십시오'가 전형적인데, 계약 프로세스보다 이전에도 다양하게 존재한다.

'믿고 수요조사에 참여해주십시오', '다음 회에 제안을 해주십시오' 등의 결정도 이것에 포함된다.

예를 들면 이렇게 표현한다.

"(지금부터 시작하는) 오늘의 프레젠테이션에서 저희를 믿어주신다면 다음 번 이후로는 귀사의 상황에 대해서 말씀드릴 기회를 주십시오."

이렇게 전달해두면 고객은 '음, 앞으로 우리 회사에 와서 이것저것 들려주겠다는 건가? 내부의 일을 안심하고 말할 수 있는 기업인지 어떤지 오늘은 한 번 확인해보자'는 기분으로 프레젠테이션을 들어줄 것이다.

✷ 'Yes'라는 말을 들으며 정리하는 방법 ①

정리 방법의 요령을 말하기에 앞서 최근의 경향에 대해서 말하겠다. 영업 프레젠테이션은 반드시 영업 프로세스와 관련해서 이루어진다. 즉 세일즈 퍼슨은 프레젠테이션 결론 부분에서 다음 영업 프로세스로 연결하기 위한 행동에 나서야만 한다. 그것을 확실히 실행하는 것이 매우 중요하다.

그런데 최근 믿을 수 없을 만큼 자주 보이는 광경은 말이 끝나면 프레젠터는 그것만으로 업무가 끝난 것처럼 행동한다는 것이다. 말하는 것만이 목석이어서 그 큰 업무가 끝났다는 안이한 달성감이나 만족감, 해방감조차 드러낸다. 당황한 고객이 오히려 다음 번 면담 일정을 잡아오는 형편이다.

'어떻게 여기에서 한 걸음 더 나아갈 수 없을까?'라고 물으면 묵묵부답이고 상사에게 그의 일상에 관해 물으면 '다들 성실하다고는 하는데 좀처럼 수주로 이어지질 않아서'라고 말한다.

이런 경향은 영업 분야만이 아니라 사회 여러 분야에서 나타나는 것으로, 인간관계가 변한 것, 자신감을 갖기 어려운 사회인 것 등이 배경에 있고, 사회의 근본적인 문제와 관련되어 있는 것 같다.

근본적인 문제의 근원적인 해결은 여기에서 생각할 일이 아니지만, 그 반영인 세일즈 퍼슨의 마인드나 행동 변화는 알아두고, 필요하면 OJT(on the job training) 등에서 대응하는 것이 좋다.

특히 수주활동에 대해 저항감이 있는 세일즈 퍼슨, 더욱이 저항 이전에 수주활동은 영업활동의 커다란 일부라는 의식이 희박한 세일즈 퍼슨 때문에 놀란 적이 여러 번 있다.

기존에는 너무나 당연해서 교육에서조차 말할 필요를 느끼지도 않았던 것을 지금은 일부러 설명할 필요가 있다고 느낀다.

✷ 'Yes'라는 말을 들으며 정리하는 방법 ②

여기에서는 두 가지 정리 방법 기술을 소개할 것이다. 언뜻 보면 평범한 기술로 보일지 몰라도 이 기술은 사용하기 쉽고 유용한 것임을 실감했다. 그것은 '요약하는 기술'과 '선택지를 보이는 기술'이다.

⇨ 요약하는 기술

지금까지 얘기한 상담의 흐름, 확인해온 사항, 제안한 내용, 말의 골자 등을 정리하여 다음으로 나아가는 것을 촉진하는 방법이다.

- 구체적인 사례 : "오늘은 A안, B안, C안에 대해서 설명을 드렸습니다. 그중에서도 특히 A안은 반년에 걸쳐서 조사해온 귀사의 상황에 ○○점에서 매우 공헌하는 것이며, 리스크도 가장 적은 것이므로 저희들도 자신을 가지고 권해드릴 수 있습니다."

⇨ 선택지를 보이는 기술

제공할 수 있는 선택지를 복수로 제시하여 고객에게 선택지를 의뢰하는 방법이다. 만약 A안만을 제공할 수밖에 없고, B안, C안이 아울러 해결책이 될 수 없는 경우에는 옵션을 붙이거나 세부 안건을 바꾸거나 하여 A1안, A2안, A3안 같은 식으로 선택지를 만든다.

- 구체적인 사례 : "오늘은 A안, B안, C안에 대해서 설명을 드렸습니다. 저희들은 어떤 안이든 제공할 수 있습니다. 결정해주시겠습니까?" "이상과 같이 저희로서는 A1, A2, A3 3가지 유형을 제공할 수 있는데, 어느 쪽으로 결정하시겠습니까?"

더욱이 이 두 종류의 정리 방법 기술은 상대의 유형에 따라 골라 사용하면 계약체결을 원활하게 진행할 수 있다.

⇨ 행동파, 감각파

결과 중시파로 결정이나 선택을 선호하는 이 두 유형에는 선택지를 주면 빨리 결정해주는 경향이 있다.

⇨ 사고파, 협조파

과정 중시파로, 결정할 때까지 시간을 들이는 이 두 유형에는 요약하여 정리할 수 있도록 하면 결정해주는 경향이 있다.

마법의 대화법

마지막에 'Yes'라는 말을 듣기 위해서는 처음이 중요하다. 처음에 고객에게 기대하는 것을 전달하는 것으로 이야기를 시작한다. 그리고 마지막 결정할 때에는 행동파와 감각파에게는 선택지를 제공하며, 사고파와 협조파에게는 요약해주면 고객이 결정을 내리기 쉽다.

다시 한 번 확인하지
않는 편이 유리하다

✷ '밀어붙이면 도망간다'가 고객의 마음

 겨우겨우 도장을 찍기에 이르렀는데, 고객의 동작이 느려서 걱정이 되는 경우가 있다. 그래서 초조한 나머지 그만 고객을 더욱 밀어붙여 다시 한 번 확인하는 경우가 있다.
 그러나 망설이는 사람을 밀어붙인다고 일이 잘 될까? 세일즈 퍼슨의 업무가 고객이 문제를 해결하는 데 도움이 되는 것이라면 주저하며 판단을 내리지 못하는 고객에게 스스로 결정할 수 있도록 지원하는 것이 당연하다.
 이에 해당하는 액션은 트레이닝을 받은 사람과 그렇지 않은 사람이 큰 차이를 보인다. 트레이닝을 받지 않았어도 사람의 마음과 행동을 객관적으로 관찰하여 상대의 처지에서 도움을 주려고 하는 마인드가 있는 사람은 자연히 적절한 행동을 취할 수 있다.

✨ '밀어붙이는' 것 대신에 할 일

무엇을 결정하기 어렵거나 생각이 정리되지 않아서 곤란할 때, 남이 어떻게 해주면 기쁠까? 자기의 생각을 정리하거나 불안을 불식하는 것을 도와주는 사람이 있다면 기쁘지 않을까?

거꾸로 '빨리 결정하라'는 분위기를 풍기는 사람에게는 가까이 다가가고 싶지 않다고 생각할 것이다.

영업활동에서도 마찬가지다. 고객이 결단하기 어려운 배경에는 뭔가 있다. 이윽고 결정할 때에는 결정한 뒤에 일어날 다양한 것에 신경을 쓰게 된다.

결정하면 새로운 일이 시작되기 때문에 미지의 것에 대한 불안도 있다. 회사 내에서 조정하는 것도 일이고, 반대의견을 표시한 사람을 설득하는 것도 골치 아픈 과제다.

그런 것이 도장을 찍기 전의 담당자 머릿속에 가득 차 있다면 될 수 있는 한 결정을 미루고 싶어지기 때문에 행동이 느려지는 것은 공감할 수 있다.

그렇다면 그럴 때 '당신이 남들에게 원하는 것'을 고객에게도 해주는 것이 좋지 않을까?

당신이라면 남들이 어떻게 해주기를 바라는가?

- 상담 상대가 되어주기 바란다.
- 똑같은 불안을 느낀 사례를 알려주기 바란다.
- 혼란스러워 생각이 정리되지 않는 것을 함께 정리해주기 바란다.
- 격려해주기 바란다.
- 재미없는 것을 함께 해주기 바란다.
- 결단을 내리는 데 충분하고 확고한 이유를 확인해주기 바란다.
- 결단이 문제가 없다는 보증을 해주기 바란다.
- 결정하여 무엇이 문제가 된다면 도와주기 바란다.
- 회사 내의 조정이나 설득 등에 힘을 보태주기 바란다.
- 정말로 이 결단이 올바른가, 다시 한 번 검증해주기 바란다.
- 큰 결정이므로 하여튼 불안해서 이것을 어떻게든 해결하고 싶다.

많은 생각이 떠오를 것이다. 그러한 상상력을 움직이면서 무엇을 할 것인지, 어떻게 하면 지금 눈앞에 있는 고객에게 도움이 될 것인지 생각하여 미리 대책을 세워 행동으로 보여주면 고객이 기뻐할 것이다.

요즘 프로액티브(Proactive)라는 말이 유행하는데, 이는 고객이 말을 하기 전에 한 걸음 앞에서 움직이는 것을 말한다.

앞에서 설명한 것처럼 고객이 불안한 마음을 기탄없이 말하기 어려운 경우도 많다. 그것을 헤아려서 움직이는 것이다.

✷ '일'과 '감정'의 양면에서 작용한다

업무에서 고객과 커뮤니케이션할 때는 항상 '일의 측면'과 '감정의 측면'에 동시에 작용하는 것이 효과가 좋다.

지금과 같은 국면에서 고객은 불안이나 혼란 속에 있기 때문에 미리 '감정의 측면'에서 작용하는 편이 효과가 좋다. 그리고 기분에 여유가 생기면 '일의 측면'으로 작용하는 것이 고객의 처지에 맞는 순서다.

'감정의 측면'에서는 자기가 고객이라면 어떻게 느낄

까 하는 상상력을 발휘하여 공감을 해주는 것이 중요하다. 그 공감을 어떻게 전달하는가는 그 자리에서 성실한 마음을 표현하는 메시지 이외에는 방법이 없다. 그 메시지는 말뿐만 아니라 목소리, 태도·표정 전체로 전달한다.

공감이 전달되고, 고객이 안정되어 여유가 생기면 다음은 '일의 측면'으로 들어간다. 이 단계가 되면 당신에게 신뢰감이 생겨 마음에 담아두었던 걱정거리를 털어놓는 고객도 있을 것이다. 그러면 당신은 어떤 식으로 도움이 될지 찾는다.

구체적으로 해결해야 할 것이 보이지 않는다면, 이번의 결단이 훌륭한 것이라고 고객이 이해할 수 있도록 도와주면 결단하기 쉬울 것이다.

지금까지 상담한 흐름을 파악하거나 결단함으로써 생길 이익을 확인하는 것이 도움이 되는 경우가 많다. 또한 언뜻 보면 역설적으로 생각될지 모르지만, 단점을 말하는 것도 효과적인 방법이다.

이 단계에서는 세일즈 퍼슨이 단점을 말하는 것을 터부시하는 경우가 많지만, 고객의 무의식 밑에 존재하는 단점에 대한 상상은 실제보다 크게 부풀려져서 영향력을 강하게 나타내는 경우가 많다.

따라서 오히려 이것을 화제로 삼음으로써 실제 크기로 다룰 수 있다. 말하면 객관화하는 것이 가능하기 때문에 전체를 보기 쉽게 되며, 그에 따른 대책을 생각할 수 있기 때문이다.

> **마법의 대화법**
>
> 이제 한 걸음 남은 상담에서 고객이 주저하면 '다시 한 번 확인하지' 않는다. 고객의 마음에 공감하고, 함께 해결책을 생각하는 자세를 잃지 않으면 고객은 당신에게서 떨어지지 않는다.

생각한 대로 고객의 회답을 받지 못하면 이렇게 한다

★ 견적서를 한 회사에 한 달 동안 10통을 냈는데도 답장이 전혀 없다

전에 소프트웨어 개발을 의뢰하는 회사의 세일즈 퍼슨에게서 이런 상담을 받았다.

"전부터 알고 지내던 고객인데, 의뢰를 많이 받아서 제안서를 냈습니다만 YES이든 NO이든 아무 답장이 없는 채 시간이 흐르고 있습니다. 문의를 해도 기다려달라는 말뿐, 회사 내에서 어디까지 검토하고 있는지도 몰라서……."

그가 지난 한 달 동안 10통의 '제안서와 견적서'를 보냈는데도 상대방은 한 마디 회답도 없다고 했다. 소프트웨어 개발 견적서이므로 제안서 작성에도, 견적 금액 산

출에도 세일즈 퍼슨만이 아니라 개발 담당 기술자가 관여했고, 시간과 비용이 많이 들었다. NO라고 해도 좋으니 회답이 있으면 대처할 수 있지만, 아무런 반응도 없는 상태가 계속되고 있는 것이다.

그래도 세일즈 퍼슨은 고객에게 메일을 보내거나 전화, 방문 접촉을 할 수 있기 때문에 고객의 상황을 추측하여 공감하거나 참을 수 있지만, 기술자는 고객의 얼굴도 보지 않은 상태이므로 일이 어떻게 되는가 하고 걱정에 싸여 서서히 부정적인 마음이 되기 쉽고, 일할 의욕을 잃게 된다.

이 상담을 받았을 때는 이미 전체적으로 매우 큰 손실이 발생한 상태였다.

그는 이 상황에 어떻게 대응해야 할지 판단하지 못한 채 고객에게 강하게 말하지도 못하고 연락을 기다릴 뿐이었고, 기술자는 고개를 숙일 뿐, 상황을 바꾸기 위한 액션 등은 생각지도 못한 채 의욕을 잃어가고 있었다.

★ 세일즈 퍼슨은 세 가지 방법으로 대응할 수 있다

이러한 상황에서 세일즈 퍼슨이 어떻게 대응할 것인지는 다음과 같은 세 가지 방법으로 나누어 볼 수 있다.

⇨ **수동적** - 자기의 처지나 수요를 희생하더라도 고객에게 맞춰준다.

⇨ **공격적** - 고객의 처지나 수요를 부정하더라도 이쪽의 주장을 강하게 내민다.

⇨ **적극적** - 이쪽의 처지나 수요를 명확하고 솔직하게 표현하고, 동시에 고객의 처지나 수요도 부정하지 않는다.

이 세 가지 태도를 비즈니스 원리로 바꾸면 다음과 같이 된다. 두 단어는 각각 고객과 세일즈 퍼슨(기업)에 해당한다.

⇨ **수동적** → WIN(고객), LOSE(세일즈 퍼슨)
⇨ **공격적** → LOSE(고객), WIN(세일즈 퍼슨)
⇨ **적극적** → WIN(고객), WIN(세일즈 퍼슨)

장기적으로 좋은 파트너십을 유지하고자 한다면 '적극적' 태도가 바람직하다는 것을 머리로는 이해한다.

그런데 이 상담을 해온 세일즈 퍼슨까지 포함하여 현실적으로 가장 취하기 쉬운 것은 '수동적' 태도다. 세일즈 퍼슨은 원래 고객의 처지나 수요를 최대한으로 존중

해야 한다는 신념이 강하며, 이쪽의 수요와 고객의 수요가 대립하는 듯한 경우 대부분 '수동적'이 되기 십상이다. 그리고 상황이 변하는 것을 계속 기다린다.

그러나 아무리 기다려도 상황이 개선되지 않으면 회사 내부에서도 어떻게 된 것이냐는 소리가 나오고, 홀로 기다릴 수 없게 되면 이번에는 '공격적'이 되는 경우가 있다. 또한 이 이상 참을 수 없다는, 말하자면 역전된 상태가 된다.

본래 누구나 '수동적'이거나 '공격적'이 되고 싶어하지 않는다. 공정하고 '적극적'인 원원 관계를 바란다.

그러나 그런 마음이나 정신이 있다 하더라도 고객과는 말이나 태도를 통해서만 상호 인식할 수 있으므로 커뮤니케이션 기술을 효과적으로 사용할 수 없다면 그것은 전달되지 않고, 이에 따라 바람직한 관계를 구축하는 것이 어려워진다.

여기서 대인관계의 스탠스를 결정하는 '수동적'인 커뮤니케이션을 항상 취하면 들고나는 업자처럼 되어버리고, '공격적'인 커뮤니케이션을 항상 취하면 고객에게 선택을 강요하게 되지 않을까? 이때 '적극적'인 커뮤니케이션을 취하면, 좋은 파트너십으로 고객과 원원 관계를 구축하는 실마리를 잡을 수 있다.

'적극적'인 커뮤니케이션은 평소 말 선택 방법, 발언의 구성 방법 등에 조금 마음을 써보면 깨닫는 경우가 있을 것이므로, 그것부터 바꾸는 것이 자연스럽다. 그리고 이번 경우와 같이 처지나 수요가 대립할 때는 다음에 소개하는 방법으로 말을 구성하면 잘 될 것이다.

★ 윈윈 관계를 구축하는 DESC법

DESC법이란 다음 단어의 이니셜이다. 이제부터 대응하려고 하는 상황에 관해 표현하고 싶은 것을 이 4가지로 정리하여 말하면 '적극적'인 커뮤니케이션에 유용하며, 이는 현재 널리 실천하는 방법이다.

⇨ **D : describe - 묘사한다**
상황이나 상대의 행동을 되도록 객관적·구체적으로 묘사한다.
- 포인트 : 주관이나 추측이 포함되지 않도록!

⇨ **E : express, explain, empathize - 표현한다, 설명한다, 공감한다**
① D에 대한 자기의 기분을 표현하거나 설명한다.

- 포인트 : 감정적으로 되지 않도록!

② 상대의 기분에 공감한다.

⇨ S : specify - 특정한 제안을 한다

상대에게 원하는 행동이나 해결책을 제안한다.

- 포인트 : 현실적인 것을 구체적으로!

⇨ C : choose - 선택한다

S의 제안에 상대는 동의하는 경우와 하지 않는 경우가 있다. 그 둘의 가능성을 고려하여 그때 자기가 어떤 행동을 할지 대안이나 선택지 등을 제시한다.

① 동의하는 경우 : S에 이어서 자기가 어떻게 행동할 것인지(어떻게 느끼고, 어떠한 상황이 되는가) 전달한다.
② 동의하지 않는 경우 : 대안이나 선택지를 낼 때는 상대를 위협하는 듯한 인상을 주지 않도록 주의한다.

앞의 사례에서 상담해온 그는 DESC법을 생각했다.

D : 지난달에 의뢰를 받아 10통의 제안서와 견적서를 보냈습니다만, 오늘까지 답장을 받지 못했습니다.

E : 많은 안건 때문에 바빠서 관계 부서와 조정하거나 검토할 시간을 내기가 어렵다는 점을 알고 있습니다.

고객이 희망하는 가동일에 시스템이 완전한 상태로 납품될 수 있도록 하기 위해 담당 기술자와 함께 회답을 기다리고 있습니다만, 예정보다 시간이 경과하여 원래 가동일에 맞출 수 없을까 우려됩니다.

S : 그래서 한 통만이라도 이번 주중에 회답을 해주시지 않겠습니까? 나머지 9통에 관해서는 이번 달 안에 답장을 해주시면 좋겠습니다.

C : (동의하는 경우) 그렇게 해주시면 회답을 주신 후부터 개발을 시작하여, 납기까지 맞추도록 스케줄을 조정하겠습니다.

(동의하지 않는 경우) 그것이 어려우시다면, 어디까지 검토되었으며, 언제 결정하실지 이번 주중에 말씀해주시겠습니까?

그는 이 정도라면 고객에게 표현할 수 있기 때문에 해보겠다고 하며 돌아갔다. 이렇게 고객과 교섭하는 것을 회사 내의 기술자에게 전하면 열심히 한다는 것이 전달되어 응원하는 마음으로 기다릴 것이다.

마법의 대화법

고객의 처지나 수요와 이쪽의 처지나 수요가 대립할 때 세일즈 퍼슨으로서는 수동적이 되거나 공격적으로 표현하기 쉽지만, 이것은 서로 바람직하지 않다. 그러므로 평소부터 DESC법 등을 사용하여 '적극적'으로 표현하면 고객과 윈윈 관계를 구축할 수 있다.

4장

고객이 감동하는 대화법 익히기

부하 직원을 말 잘 듣게 바꾸는
마법의 대화법

✷ 요즘 부하 직원은 말을 잘 듣지 않는다?

부하 직원이 말을 잘 듣지 않는다는 탄식은 어느 시대에나 있었지만, 상사들이 상담하는 내용을 들으면 확실히 심각해서, 이래서는 상사로서도 참을 수 없을 것 같다는 생각이 자주 든다.

- 새로운 프로젝트를 시작해 팀원이 모두 모여서 개개인에게 업무를 할당했는데 해온 것을 보면 방향이 엉뚱하다. 그 점을 지적해도 부하 직원은 '이러는 게 나을 것 같아서……'라는 변명조차 하지 않는다.
- '다음 번 정례회의에서 사용할 ××자료를 일찍이 만들어오세요'라고 했는데도 열심히 작성하는 기미

가 없고, 약속 날짜가 다가와도 손을 대지 않는다.
- 어떤 상담도 하지 않고 묵묵히 일을 해서 안심하고 맡겼더니, 일을 멋대로 진행했다. 그때까지 상담은 물론 충분한 보고도 없었고, 물어봐도 '잘 되고 있다'고밖에 말하지 않았다.

이런 이야기를 여기저기서 듣는다. 그 반동일까, 최근 들어 '커뮤니케이션이 중요하다'는 이야기를 많이 한다.

그러나 커뮤니케이션이 중요하다고 하는 소리만으로는 상황이 바뀌지 않는다. 반드시 효과적인 커뮤니케이션 기술을 사용해야 한다.

✦ 커뮤니케이션 기술 연마 방법

커뮤니케이션 기술이라고 말은 쉽게 해도 이는 매우 다양하며, 이 책에도 수십 가지 기술을 소개했다. 기술은 구체적인 방법이며, 누구나 어느 정도 계속하면 숙달되는 것이다. 대개 3개월 정도 의식적으로 지속해보면 조금씩 숙달되어 몸에 익기 때문에 그 뒤에는 의식하지 않아도 필요할 때마다 사용할 수 있게 된다.

기술은 돈과 달리 사용하면 할수록 모인다. 많은 기술

중에 사용해보고 싶은 것을 하나 선택하여 3개월 정도 사용해보기 바란다. 그리고 의식을 하지 않아도 사용할 수 있을 정도가 되었으면, 또 다른 새로운 기술을 선택하여 3개월 정도 해보는 식으로 서서히 몇 가지씩 몸에 익힐 수 있다.

★ 부하 직원의 귀에 들리는 말과 들리지 않는 말

세상에 무수히 많은 커뮤니케이션 기술의 하나에 PCM(Process Communication Model)이라는 것이 있다. 이것은 매력적이고 체계적인 커뮤니케이션 기술로서, 세계 수십 개국에서 비즈니스에 활용한다.

이 이론 가운데 퍼스낼리티(personality)에 따라 귀에 잘 들리는 말과 잘 안 들리는 말이 있다는 주장이 있다. 한마디로 말하면 좋게 하는 말은 귀에 잘 들리는 말이라고 한다.

PCM에서는 여섯 가지 퍼스낼리티를 상정하고, 누구나 여섯 가지를 모두 가지고 있지만, 단지 그 비율이 사람에 따라 다르다고 생각한다. 그중에서 가장 높은 비율을 차지하는 퍼스낼리티가 그 사람이 가장 발휘하기 쉬운 것이며, 그 사람을 특징짓는 것이라고 할 수 있다.

퍼스낼리티 콘도미니엄

PCM에서는 여섯 가지 퍼스낼리티를 상정하고, 사람의 퍼스낼리티 구조를 6층 건물의 콘도미니엄에 비유한다.

재미있게도 여섯 가지 퍼스낼리티마다 사용하는 말에 일정한 경향이 있다고 한다. 그것이야말로 자기가 자주 사용하는 말이며, 또한 잘 들리는 말인 것이다.

✦ 6가지 퍼스낼리티와 자주 사용하는 말

여섯 가지 퍼스낼리티의 이름과 자주 사용하는 말을 보자. 이 말의 리스트를 참고하여 부하 직원이 어떤 퍼스낼리티인지 추측할 수 있다. 그리고 그 부하 직원에게 말할 때는 그 퍼스낼리티가 자주 사용하는 말을 대화의 처음에 의식적으로 사용해보자. 아마 그렇지 않을 때보다 귀를 잘 기울일 것이다.

클린턴 전 미국 대통령이나 부인 힐러리도 이 방법을 수십 년 전부터 연설할 때 사용해왔다. 그래서 PCM은 '클린턴을 대통령으로 만든 이론'이라고도 불린다.

⇨ PERSISTER PERSONALITY(의견 • 가치관이 있는 사람)

내 의견으로는, ~해야 할, ~해야 한다, 절대로, 신념, 확신, 존경한다, 존중, 상찬, 공경, 가치가 있다, 신뢰, 진짜, 공정, 공평, 의무, 성실, ○○도, 외곬, 정진, 판단, 평가, 공헌, 충성, 사명, 의무, 확인, 관찰, 검토

⇨ REBEL PERSONALITY(반응 • 유머가 있는 사람)

선호, 혐오, 하고 싶다, 하고 싶지 않다, 재미있을 것 같다, 지겨울 것 같다, 와, 캬아, 재밌다~, 마술, 솔직히, 멋있다

⇨ WORKAHOLIC PERSONALITY(사고 • 논리적인 사람)

누가, 언제, 어디서, 무엇을, 왜, 어떻게, ~라고 생각한다, ~라고 이해한다, 정확히, 정리, 기능직, 사실, 현상, 명확히, 정보, 데이터, 숫자, 객관성, 근거, 효율, 책

임, 달성, 목표, 효과, 실적, 분류, 차원, 분석, 논리적, 합리적, 이치, 순서, 시간, 우선순위

⇨ REACTOR PERSONALITY(감정적인 사람)

괜찮아?, 건강해?, 피곤하지 않아?, 함께, 모두, 걱정, 염려, 마음씀씀이, 기분, 마음, 분위기, 조화, 팀워크, 맛있다, 좋은 냄새, 상쾌함, 한시름 놓는다, 분위기가 좋다, 기분이 좋다, 즐겁다, 슬프다, 유감, 쓸쓸하다, 귀엽다, 훌륭하다, 귀여운 것 같다

⇨ PROMOTER PERSONALITY(행동적인 사람)

요점은, 요컨대, 빠른 말이, 결론부터 말하면, 그럼 결국은?, 해보지 않으면 시작할 수 없다, 말을 해도 문이 열리지 않는다, 한 번 해보자, ~하자, ~해주시오, 지금이 기회!, 단시간에, 즉석, 빨리 착수, 이 정도는 너라면 아침 전에 끝난다, 설마 할 수 없다고 하는 건 아니지?, 이러는 편이 상책이다!

⇨ DREAMER PERSONALITY(반성・상상적인 사람)

자기부터 발언하지 않는다, 그다지 움직임이 없는 경향이 있는데, 다음과 같이 말을 걸면 귀를 기울이며 움

직여올 것이다.

- 미적미적하지 않고 성실하게, 명확하게, 간결하게, 헷갈릴 여지가 없는 지시를 한다.
- 필요한 최소한의 일 이외에는 간섭하지 않는다.
- 지루한 것이라도 싫어하지 않고 묵묵히 일을 하기 때문에 적당할 때 확인한다. 그러면 '지금 이것을 해도 좋다'라고 안심하게 된다.
- 지시는 한 번에 하나나 2가지만 한다. 4가지, 5가지나 되면 2가지 정도를 뺄 가능성이 있다.

마법의 대화법

부하 직원이 말을 듣지 않을 때는 대책을 생각해본다. 말을 시작할 때 PCM의 퍼스낼리티의 키워드를 하나, 둘 집어넣으면 순식간에 부하 직원이 말을 잘 들을 것이다.

이렇게 하면 부하 직원이 능력을 200퍼센트 발휘한다

★ 칭찬으로 사람을 움직인다

당신은 자주 남을 칭찬하는가? 부하 직원, 상사, 동료, 다른 부서의 멤버, 사내 고객, 협력 회사 사람, 고객, 가족, 파트너, 아는 사람, 친구의 좋은 점을 잘 보는가?

'아니, 칭찬하지 않는다.'

'내가 칭찬받는 경우도 없고, 남을 칭찬하는 경우도 없다.'

'나쁜 점은 눈에 띄는데, 칭찬할 정도로 좋은 점은 좀처럼 보이지 않는다.'

'칭찬하려고 해도 쑥스러워서……'

'부하 직원은 이따금 칭찬을 하는 경우도 있는데, 아이들은 야단만 친다.'

이런 답변을 자주 듣는다.

그런데 이러한 사람도 칭찬을 받으면 아주 기쁜 듯이 싱글벙글하고, 쑥스러워하면서 자기도 더 남을 칭찬하려고 한다. 일상생활에서 서로 칭찬하는 풍토가 없는 것이 원인의 하나다.

우량기업은 상상 이상으로 '무형의 장려'를 잘 사용한다. '칭찬한다'는 것은 대표적인 '무형의 장려'다. 이것은 자원이 필요없으며, 작은 유형(有形)의 장려(상여금)보다 훨씬 효과적일 듯하다.

또한 현재처럼 경제도 사람의 마음도 어딘가 상처를 입은 시대에는 칭찬하는 것이 예상 이상의 긍정적 효과를 회사 안팎에 줄 것이다. 더욱 전략적으로 칭찬을 활용하자.

★ 구체적으로 칭찬하면 쑥스럽지 않다

'칭찬하지 않는 이유'를 물어보면, 자기가 칭찬받은 적이 없다, 서로 칭찬하는 풍토가 없다, 칭찬하면 우쭐거린다, 어떻게 칭찬하는지 모른다, 언제나 야단을 치므로 칭찬하면 경계를 한다는 것 등을 말한다. 그래서 칭찬하는 것은 '멋쩍다'는 소리가 많이 들린다.

쑥스러운 배경에는 무엇을, 어떻게 칭찬하는지 몰라서 단지 '굉장하네'라는 식으로 포괄적인 칭찬밖에 생각하지 않는데, 그런 말은 쑥스러워서 부하 직원에게 말할 수 없는 사정이 있는 것 같다.

칭찬하면서 쑥스럽지 않기 위해서는 구체적인 사실이나 언행을 들어 칭찬해야 한다.

- 실제로 관찰된 사실 : 이번 자료는 내용 면에서는 3항목으로 정리하여 이해하기 쉽고, 레이아웃 면에서는 앞의 것보다 문자 양이 줄어서 포인트가 눈에 띄는군.
- 실제로 들은 표현 : 상담을 시작할 때 말한 최신 뉴스 말야. 고객이 흥미진진해하더군.
- 실제로 본 행동 : 오늘 인사는 등이 구부러지지 않고 허리부터 머리까지 모두 절도가 있었어.

이렇게 되도록 구체적으로 표현하면 되는데, 이를 위해서 상사는 부하 직원을 자주 보아야만 한다. 즉 이런 칭찬법을 쓰면, 부하 직원에게 '상사는 나를 자주 본다'는 것이 전해진다. 칭찬과 상사가 내게 주목한다는 것이 어우러지면 큰 격려가 된다.

★ 칭찬하여 사람을 기른다

 장년층에게는 단점을 지적하여 개선하는 것이 육성이라는 인식이 퍼져 있는데, 최근에는 장점을 더욱 칭찬하는 편이 효율적이며 젊은 부하 직원들이 좋아한다는 주장이 나오고 있다.

 어느 쪽이나 일장일단이 있고, 부하 직원 육성은 아이 양육과 비슷한 것이 아니기 때문에 부하 직원의 자질이나 상황, 육성 목표에 따라 둘 다 사용하는 것이 효과가 좋다.

 다만 어느 경우에나 부하 직원이 말하는 것을 들으면서 쌍방향으로 진행하는 것이 기본이다. 쌍방향으로 관리하는 것이 기본이라는 생각은 최근 10년 사이에 급속히 사회 조직에 퍼지고 있는데, 이념만이 정착되었고 실현은 이제부터다. 처지에 기초하여 말하는 전통이 아직은 강하다는 것을 수백 개의 기업을 보면서 느꼈다.

 그것 자체가 좋고 나쁜 것은 아니지만, 만약 쌍방향으로 하려고 생각한다면 '자기가 무엇을 말하기 전에 부하 직원에게 물어보는 단계를 하나 더 둘 것', 이것을 언제나 잊지 않으면 잘 될 것이다.

 결국 칭찬하든 야단을 치든 우선 본인이 되돌아보고

그것을 표현하게 하는 것이 중요하다. 그리고 칭찬이 목적이든, 개선이 목적이든 본인이 '해냈다', '좋았다', '잘 되었다'고 생각하는 것을 먼저 말하게 하면 스스로 성장하는 사람이 될 수 있다.

즉 '오늘 상담 말인데, 뭐가 좋았다고 생각해?'라는 식으로 묻는 것으로 대화를 시작하는 것이다.

이렇게 물으면 80%의 부하 직원은 'OO가 실패였다', 'OO가 어려웠다'라고 답한다. 이것을 받아들이면 점점 반성회 또는 야단치는 모드가 되기 때문에, 원치 않으면 다시 한 번 물어보자. '좋았던 것부터 말해봐'라고.

그리고 부하 직원이 자기의 행동에서 좋았던 것을 두세 가지 구체적으로 표현할 수 있도록 격려한다. 그렇게 하지 않고 상사가 재촉하는 과정에서 되는 경우도 있는데, 어쨌든 서서히 숙달된다.

개선점은 그 뒤에 듣는데, 한 번에 개선할 수 있는 것은 누구나 한두 가지씩은 있으므로 그것에 한정하여 표현하게 하는 편이 효과적일 듯하다.

✦ 칭찬을 잘 하려면 칭찬을 많이 받아야 한다

지금까지 '칭찬 기술'에 대해 말했는데, 칭찬을 잘 하려면 또 다른 '마인드'가 필요하다. 그 포인트를 2가지 소개한다.

하나는 남에게서 칭찬을 들을 때 부정적인 말을 하지 않는 것이다. 칭찬을 들을 때 '아니오. 대단치 않습니다', '그건 아무것도 아닙니다' 같은 말을 겸손의 미덕 때문인지 관습 때문인지 자주 한다. 이것을 '고맙습니다', '칭찬해주셔서 기쁩니다'로 겸손하게 받아들이며 답하는 것으로 바꿔도 나쁜 일은 일어나지 않는다.

또 하나는 자기를 인정하는 것이다. '나의 좋은 점, 나쁜 점', '좋아하는 점, 싫어하는 점', '자신이 있는 점, 없는 점' 등을 스스로 인식하는 것이다. 어쨌든 현재 자신의 모습은 자기가 지금까지 살아온 인생의 집대성이므로 그것을 인식하는 것, 이것이 가능하면 커뮤니케이션, 아니 인생이 바뀐다.

자기의 나쁜 점을 용서하기 힘든 사람은 남의 나쁜 점에도 눈이 가기 쉽다. 자기를 언제나 재단하는 사람은 다른 사람도 자연히 무의식적으로 마음속에서 재단하기 쉽다. 그런 내면이 배어나오는 것이 커뮤니케이션이므로 외면의 기술만을 갖추더라도 마인드가 수반되지 않으면 다른 사람을 움직일 수 없다.

칭찬함으로써 부하 직원이 능력을 200퍼센트 발휘하

도록 하려면 우선 자기를 칭찬함으로써 자기가 능력을 200퍼센트 발휘하는 것에서 시작해야 한다. 그리고 그것은 틀림없이 가능하다.

칭찬할 때는 구체적인 사실이나 언행을 들어 한다. 그러기 위해서는 자주 관찰해야 한다. 자신을 칭찬하는 것이 잘 되면 부하 직원도 칭찬하게 되고, 그러면 부하 직원의 능력은 무한히 늘어난다.

부하 직원에게 동기를 부여하는
마법의 칭찬법, 질책법

★ 칭찬하는 말은 한마디로는 부족하다

일을 훌륭하게 하는 부하 직원을 칭찬하려면 어떻게 해야 할까? 부하 직원에 맞춰 칭찬하는 포인트와 칭찬하는 말을 선택하고 있는가?

'맡긴 자료, 회의 날짜까지 차질 없이 제출해서 고맙네'라고 칭찬했다고 하자.

그것을 들은 A씨는 칭찬하는 말임을 깨닫고, 상사에게 인정받아 기분이 좋아지고 동기도 부여된다.

그러나 같은 말이라도 다른 부하 직원에게 사용하면, A씨와 다르게 느끼지 않을까? 또 받아들이는 방식이나 느끼는 방식이 다른 부하 직원은 다르다는 사실을 알고 있는가?

- B씨 생각 : 기일까지 차질 없이 제출하는 것은 당연하지 않은가! 그것에 이르기까지 열심히 일한 것을 상사는 알아주지 않는 것인가.
- C씨 생각 : 좀더 제대로 칭찬해주지 않나. 겨우 '자네, 대단해'라니 뭐야?
- D씨 생각 : 상사는 일에만 관심이 있어. 좀더 내 일에 신경 써주며 위로해주면 좋으련만.
- E씨 생각 : 말보다 보너스가 좋아.
- F씨 생각 : 달리 칭찬해주지 않아도 좋지만, 가능하다면 내 독특한 세계를 말하면 좋겠는데. 뭐 이해하지도 못할 테지만 말야.

✹ 칭찬법은 6가지 퍼스낼리티를 고려해서

앞에서 PCM을 소개했는데, 칭찬하는 경우에도 6종류의 퍼스낼리티마다 칭찬하는 포인트를 알고, 칭찬하는 말을 궁리하면 사기가 높아진다.

⇨ **PERSISTER PERSONALITY(B씨, 의견·가치관이 있는 사람)**
- 칭찬하는 포인트 : 업무에 임하는 자세나 신념, 그

신념에는 존경심이 드네.
- 칭찬하는 말 : 자네의 업무 태도에 탄복했네. 그 신념에 경탄하네.

⇨ REBEL PERSONALITY(C씨, 반응·유머가 있는 사람)

- 칭찬하는 포인트 : 두근두근하게 하는 것, 독특함.
- 칭찬하는 말 : 재미있는 발상이군. 이런 일, 자네밖에 못하지. 역시.

⇨ WORKAHOLIC PERSONALITY(A씨, 사고·논리적인 사람)

- 칭찬하는 포인트 : 달성한 일, 시간이나 스케줄 관리의 정확함.
- 칭찬하는 말 : 과연 정확하고 빠르군. 벌써 할 수 있으리라곤 예상치도 못했는데.

⇨ REACTOR PERSONALITY(D씨, 감정적인 사람)

- 칭찬하는 포인트 : 개인적으로 받아들여진다는 것.
- 칭찬하는 말 : 자네 덕분이야, 고마워. 자네와 같은 팀이라서 기뻐.

⇨ PROMOTER PERSONALITY(E씨, 행동적인 사람)
- 칭찬하는 포인트 : 행동력, 멋있음.
- 칭찬하는 말 : 자네의 승리야! 이것은 단숨에 주목 거리가 되겠군.

⇨ DREAMER PERSONALITY(F씨, 반성·상상적인 사람)
- 칭찬하는 포인트 : 이런 페이스로 하면 좋다고 안심시키는 것, 칭찬하는 것이라면 독특한 발상을 칭찬한다. 그다지 깊숙이 개입하지 않고 가볍게 칭찬한다.
- 칭찬하는 말 : 그것 괜찮은데. 자네 페이스군.

★ 심리적 욕구를 만족시킨다

동기를 높이려면 마음의 에너지양을 늘리는 것이 효과가 좋다. PCM에서는 퍼스낼리티마다 6가지 심리적 욕구가 있으며, 이것이 만족되면 마음의 에너지양이 증가한다고 본다.

이 6가지 심리적 욕구가 지금 말한 각각의 퍼스낼리티의 '칭찬하는 포인트'다. 칭찬할 때 그것을 의식하여 칭찬하면, '칭찬하는 말'이 부하 직원의 귀와 마음에 이르러 마음의 에너지양이 증가한다.

또한 질책할 때에도 그것을 의식하여 심리적 욕구를 침해하지 않도록 신경을 쓰거나 심리적 욕구에 호소하는 표현을 한다.

일시적으로 업무 생산성을 올리기 위한 것이라면 화를 내거나 위협하는 것으로도 가능하지만, 그럴 때 부하 직원은 마음의 에너지를 소모시킨다. 즉 그 방법으로는 장기적으로 부하 직원이 업무를 잘 수행하기를 기대할 수 없다.

또한 마음의 에너지가 충분하지 않은 채 소모되면 스트레스 상태에 빠진다. 이것은 인재 활용 방법으로는 그다지 현명한 것이 아니다.

✳ 하려는 기분이 들게 하는 질책법(지적하거나 금지하는 방법)

그러면 부하 직원이 개선하도록 해야 할 때 어떻게 하면 좋을까? 마음의 에너지를 소모하지 않으면서 원하는 방향으로 부하 직원을 이끌려면 칭찬하는 이상의 지혜가 필요하다. 다음과 같은 것을 참고하면서 부하 직원의 성향에 맞게 사용해보자.

⇨ PERSISTER PERSONALITY(의견·가치관이 있는 사람)

이런 사람은 업무에 임하는 자세를 부정당하거나, 자기의 의견, 신념이 무참히 거부당하면 마음의 에너지가 급속히 소모된다. 그럴 때는 우선 부하 직원의 업무 방법이나 의견을 받아들인 뒤 다른 시점에서 생각할 수 있도록 한다.

"음, 자네의 의견은 알겠네. 그럼 이것은 내 의견인데, 어떻게 생각하나?"

⇨ REBEL PERSONALITY(반응·유머가 있는 사람)

좋아하는 일에는 몰두하지만, 그렇지 않은 일은 하려고 하지 않는다. 일방적으로 질책하면 반발하기 때문에 농담이나 유머를 섞으면 효과가 좋다. 트릭을 쓰는 것도 괜찮다.

"그래도 자네 여기에 문제가 있어……. 유감이야!"

⇨ WORKAHOLIC PERSONALITY(사고·논리적인 사람)

업무를 완벽하게 달성하는 것에 무게를 두기 때문에, 완성한 것에 잘못이 있을 때 주의를 주는 것을 알아차리면 더욱 훌륭하게 업무를 수행할 것이다.

"(잘못된 부분을 가리키며) 여기만 좀 어떻게 해봐. 나머지는 완벽해."

⇨ REACTOR PERSONALITY(감정적인 사람)

지나치게 바쁘거나 어려운 상황이 지속되어 혼자서 초조해지면 작은 실수를 빈발하는 경향이 있다. 그럴 때는 아무렇지 않은 듯 한마디를 던짐으로써 긴장감을 누그러뜨리면 효과적이다. 또한 작은 위문품 등으로 주의시키려는 것을 전달하는 것도 효과가 좋다.

"괜찮아? 매일 늦게까지 이러니 큰일이네. 피곤하겠어. 잠깐 할 말이 있는데, 들어줄 수 있나?"

⇨ PROMOTER PERSONALITY(행동적인 사람)

우회적인 말을 하지 않고, 안 되면 안 된다고 확실히 말한다. 도전 정신을 자극하여 '자네는 특별하다'고 한다.

"안 돼. 자네는 특별하잖아, 이 정도로는 OK할 수 없어. 이것은 승부다. 자네의 힘을 보여줘."

⇨ DREAMER PERSONALITY(반성·상상적인 사람)

'말하지 않아도 솔선해서 하라'거나 '스스로 생각해보라'라는 질책을 해봐야 곤혹감을 느낄 뿐이다. 또한 압박감, 위압감을 주는 듯한 말도 신중하게 해야 한다.

'내 지시가 충분하지 않았다'고 생각하는 것이 기본적인 자세다.

"이 자료를 ○일 ○시까지 ××해줘. 미리 ××까지 해서, 가능하면 말해줘."

이상과 같은 포인트를 파악하여 표현을 고민하며 부하 직원의 에너지를 높이는 방향으로 지도·육성하면 팀의 시너지 효과도 높아질 것이다.

마법의 대화법

칭찬할 때이든, 꾸짖을 때이든 부하 직원의 퍼스낼리티를 가늠하여 심리적인 욕구와 표현 방법에 주의를 기울이면 부하 직원은 예상 이상의 일을 한다.

부하 직원에 대한 불안에는 이렇게 대처한다

★ 부하 직원을 질책하는 것이 두렵다

 부하 직원을 질책할 수 있는가? '물론', '매일 질책한다'고 답하는 사람도 많을 것이다. 그러나 최근 부하 직원을 질책하지 못한다는 상담을 받는 경우가 많다. 이유는 상사·부하 직원의 관계를 반영한다는 등 다양한데, 여기에서 공통하는 것은 질책에 대한 공포다.

 질책함으로써 안 좋은 일이 일어날 것이라는 공포에는 질책함으로써 부하 직원이 필요 이상으로 부정적인 감정을 가지거나, 그것에 기초하여 행동하는 것이 두렵다는 것이 근저에 있다. 그것은 더 나아가 그것 때문에 자기 자신이 상처를 입을 것이라는 공포인 것 같다.

 질책하지 않는 것이 더 나아가 믿을 수 없는 상황을

업무 현장에서 불러온다.

- 부하 직원이 무단으로 회사에 출근하지 않는 상태가 며칠 동안 지속된다.
- 부하 직원이 근무 시간에 멋대로 자리를 비우고, 어디에 가는지, 언제 돌아오는지 누구도 파악하지 못하는 일이 몇 개월이나 지속된다.
- 분담한 일을 받아보면 회의 결과와는 전혀 거리가 먼 것이 오히려 자연스럽다.
- 의뢰한 일이 하고 싶지 않은 것이면 '에~', '싫다~'는 발언을 한다.
- 부하 직원에게 일을 맡길 수 없고, 결국 자신이 해야 해서 연일 가혹하게 잔업을 한다.
- 지각하거나, 회의에 불참하거나, 고객과의 약속을 팽개쳐서 그 이유를 물으면 대답도 없고 개선도 없다.
- 업무상 극히 일반적인 주의를 주어도 받아들이지 않고 인터넷에 올린다.
- 팀 회의에서 상사가 질문을 던져도 아무런 의견을 내지 않는데, 나중에 뒤에서 욕이나 하고 일은 하지 않는다.

이러한 일이 드문 게 아니라서 문제가 꽤 심각한 것이다. 이런 현상을 상담받으면 이것은 단순히 상사의 리더십의 결여라고 단정할 수 없게 된다. 오히려 현대사회를 상징하는 문제가 아닐까 생각한다.

☀ 자기 존중

 겉으로는 일상 업무를 하는 것같이 보이지만 부하 직원이나 상사나 매일 둥둥 떠다니는 것처럼 지내는 현실에는 자기 자신에 대한 신뢰가 없어서 그렇게 된 것이 아닌가 생각하는 경우가 많다.

 사회의 가치기준이 크게 변동하는 현재, 어제까지 당연하던 일이 지금은 그렇지 않게 되거나 어제까지 올바른 것으로 간주되던 것이 지금은 부정당하기 때문에 기준을 외부에 두는 생활방식을 취하면 외부에 휘둘리게 된다.

 최근 10년 동안 미디어와 사회의 존재 방식은 의도인지 우연인지 사람을 생각하지 않는 방향으로 쫓겨 가고 있다. 생각하지 않는 버릇이 형성된 상태에서 큰 변동의 소용돌이에 빠져들면 어떠한 것도 할 수 없이 휘말려서 서서히 체력과 지력을 소모하며 자신을 잃고 자신을 신뢰하는 것조차 위태로워진다.

자기 자신에 대한 신뢰, 자기 존중을 회복하는 것이 현재를 활력 있게 살아가는 데 중요한 요소는 아닐까?

✳ 자기 취급설명서를 만든다

자기 존중을 회복하는 것은 내적인 작업이고, 이것, 이것을 하면 괜찮을 것 같다는 지침은 없지만, 최근 이러한 것을 기업에서 실시하는 데 흥미로운 현상이 일어났기에 소개한다.

그것은 워크숍 등에서 자기 취급설명서를 쓰게 해서, 그것을 멤버 전원이 서로 돌려가며 읽는 것만을 하는 것이다.

전기제품 등에 취급설명서가 같이 있다. 일반적으로 다음과 같은 항목이 있는데, 그것을 자기 자신을 주제로 써보는 것이다.

- 사용상 주의
- 특징
- 사용 전 준비
- 각부의 명칭과 동작

- 사용 방법
- 훌륭한 사용법
- 입수 방법
- 고장인가? 하고 생각하면
- 사양
- 보증
- 애프터서비스

취급설명서는 대부분 사람이 읽을 것을 전제로 해서 만든다. 그러므로 자기 취급설명서에도 남에게 보일 수 있는 정보를 쓰고, 알리고 싶지 않은 것은 적지 않는다. 그곳에는 '꼭 알리고 싶은 것'에서 '알릴 수 있을 만한 것'까지 담는다. 사실 보통의 대화에서는 거기까지 표현하지 않지만(할 수 없지만) 취급설명서라는 형식을 빌렸을 때 비로소 알릴 게 있다는 것을 안 것이 매우 재미있는 발견이었다.

공개된 정보는 남도 보고 자기도 본다. 그리고 다른 사람의 취급설명서도 같이 본다. 그러한 시간과 공간을 공유했을 때 공개된 범위에서이지만 자기의 강점만이 아니라 약점도 받아들이기 쉬워지는 깃을 몇 차례나 경험했다.

이렇게 강점이나 약점이 있는 자신을 그대로 받아들이는 것이 가능해지면, 그것이 자기 존중으로 이어진다. 물론 자신이 완전한 인간은 아니지만, 주변 사람도 마찬가지다. 그리고 완전할 필요도 없으며, 포기하지 않는 한 바라는 방향으로 성장할 수 있다는 생각은 사실 자기를 신뢰하는 데 매우 유용한 것이다.

부하 직원을 질책하지 않는 이야기로 돌아가자. 타인인 부하 직원의 감정이나 행동을 컨트롤할 수 없지만, 자기가 상처 입는 것을 막을 수는 있다. 자기 존중이 있다면 자기가 할 수 있는 것은 할 수 있다, 할 수 없는 것은 할 수 없다고 인정하는 것이 가능하기 때문에 함부로 주눅 드는 일이 없어지고, 필요 이상으로 상처를 입는 것에서 해방된다. 그렇게 되었을 때 안심하고 사랑으로 부하 직원을 질책할 수 있지 않을까?

마법의 대화법

> 부하 직원을 질책하지 않는 이유가 부하 직원을 질책했을 때 부하 직원의 부정적인 반응이 두려워서였다면, 자신에 대한 신뢰를 회복하는 것에 포커스를 둔다. 그러면 자신도 부하 직원도 변한다.

부하 직원이 말하게끔 하는 질문은 이렇게 한다

★ 물어도 부하 직원이 대답하지 않는다

요즘 비즈니스 코칭이 발달하고 있다. 4년 전쯤부터 기업 회장, 사장, 부장, 과장, 프로젝트 매니저를 중심으로 개인 코치 의뢰가 늘고, 또한 코칭 스킬의 연수나 강연도 급증하고 있다.

코칭 연수를 받은 관리자가 자기 부하 직원에게 코치할 때, 아직 숙련되지 않은 처음 몇 달 동안 그 관리자에게 슈퍼바이저로서 따라붙는 경우가 있다.

즉 코칭이 실제 직장에서 효과적으로 이루어지는지 어떤지, 기술 사용 방법에서 불명확한 점이나 의문점이 나오는지 어떤지에 대해서 의견을 교환하거나 충고하는 것이다.

그곳에서 가장 많이 상담받은 것은 코칭을 하려고 해도 자기의 물음에 부하 직원이 답을 하지 않는다는 고민이다. 코칭은 쌍방향 커뮤니케이션을 하면서 부하 직원의 자발적인 행동을 촉진하는 것이므로, 상사가 질문해도 부하 직원이 아무런 답을 하지 않고 침묵하는 상태가 극단적으로 길어지면 상사로서는 어떻게 해야 좋을지 고민에 빠지는 것이다.

물음에 대한 답이 바로 돌아오지 않는 것이 반드시 좋지 않은 것도 아니고, 생각하는 동안 내적인 통찰이 깊어지는 경우조차 있지만, 상사가 묻는 방법에 문제가 있어서 부하 직원이 대답하기 어렵다면 그것은 문제다.

그럴 때는 부하 직원이 '힐문을 당한다'고 느끼지는 않는지 질문 방법에 대해 반추해보자.

이제부터 '힐문'이라고 느끼게 하기 쉬운 '태도와 표정', '소리', '말'을 소개한다.

✴ 이런 '태도와 표정'이 힐문이라 느끼게 한다

다음과 같은 태도와 표정을 자기가 취하고 있지는 않은지 한 번 되돌아보자. 스스로 의식을 하면 쉽게 개선할 수 있다.

- 자세가 뒤쪽으로 비스듬하게 또는 앞으로 기울어졌다.
- 어깨에 힘이 들어가 있다.
- 팔짱을 낀다.
- 팔다리나 손을 빠르게 움직인다.
- 테이블을 끼고서 정면에서 얼굴을 향하고 앉는다.
- 거리가 퍼스널 스페이스(약 1미터)보다 가깝다.
- 상대를 응시한다.
- 이마에 주름을 잡는다.
- 입술에 힘이 들어가 있어, 입술 모양이 '∧'게 된다.
- 항상 미소를 짓는다.
- 턱의 위치가 올라가 있다.

✶ 이런 '소리'가 힐문이라 느끼게 한다

자기의 말버릇을 자신이 아는가? 말버릇 중에는 '힐문'이라고 느끼게 하기 쉬운 것이 있다. 우선 자기의 말버릇을 깨닫고, 가능한 것부터 개선하자.

⇨ **어미**

커뮤니케이션할 때의 버릇을 '이렇게 말하면 잘 된

다!'에서 4가지로 구분하여 소개했는데, 어미의 버릇은 이 유형과 관련되어 있다.

- 어미가 또렷하고, 단호한 어조가 많다.
  → 감각파, 행동파
- 어미가 부드럽고, 부드러운 의문형 어조가 많다.
  → 협조파, 사고파

코칭에서 부하 직원에게 질문을 던질 때, 문장의 형태는 질문형이다. 이때 어조가 부드러우면 부하 직원은 안심하고 생각하는 모드에 들어갈 수가 있지만, 반대로 강하면 '힐문'이라 느끼기 쉽다. 그래서 감각파, 행동파인 사람은 질문을 던질 때 어미를 부드럽게 해보면 변화를 기대할 수 있다.

⇨ **어조**

목소리의 크기, 혀의 위치(입을 여는 방법과 발성 등), 템포, 톤(높낮이) 등이 어조를 만든다. 소리가 큰 사람이 입도 크게 벌리고, 템포가 빠르게 말하는 것은 프레젠테이션에서는 효과적이지만, 코칭에서는 위압감을 주는 등 역효과도 낳는다.

혀의 위치가 좋으면 소리가 작아도 부하 직원에게는 잘 들린다. 템포는 부하 직원이 생각하는 데 맞춰서 약간 느리게 하는 게 좋고 톤은 안정감을 주는 것이 코칭에는 적합하다.

✷ 이런 '말'이 힐문이라 느끼게 한다

말에서는 특히 다음과 같은 것에 주의하자.

- 선택지를 들면서 질문할 때는 3가지 이상 선택지를 든다. 2가지라면 어느 쪽을 고를 것인가 확실히 하라는 소리처럼 들리는 경우가 있기 때문이다.
- 1가지 예를 보이거나, 제안하면서 질문할 때는 '어디까지나 일례로 드는 것인데', '예를 들자면' 등을 전제하며 자주 사용하지 않는다. 그렇지 않으면 그처럼 하라고 간접적으로 말하는 것인가 하고 오해하는 경우가 있다.
- '왜~ 부정형'은 피한다. '어찌해서 안 되었나?', '어찌해서 말하지 않았나?'라는 표현으로는 활기찬 커뮤니케이션을 할 수 없다.
- 되도록이면 부정적인 말은 사용하지 않고, 긍정적

인 말, 긍정적인 표현을 강구하면 코칭 전체가 긍정적으로 된다.

코칭에서 부하 직원에게 질문을 던질 때는 '태도와 표정', '소리', '말'에 주의하여, 힐문조로 질문하지 않으면 대답이 돌아온다.

영업팀의 힘을 높이는
리더의 3대 원칙

★ 팀의 시너지 효과를 높인다

여러분의 영업팀은 개별 세일즈 퍼슨의 개인플레이에 맡겨지는가? 아니면 팀의 힘을 발휘하여 시너지 효과를 낳는가?

한 사람 한 사람이 개별 고객을 가지고 각자 활동하면 팀의 다른 멤버는 좋든 나쁘든 라이벌이 되는데, 고객 사무실에서 피곤해져서 돌아온 사무실이 따뜻하고 에너지를 충전할 수 있는 환경이라면 좋을 것이다.

아침에도 활력 있는 인사를 주고받고, 활기 있게 활성화된 상태로 고객 사무실을 방문한다면 고객에게도 기쁨을 주고, 성공하는 확률도 높아질 것이다.

예전에 미국 시애틀에 초라한 어물상이 있었다. 고객

은 뜸해서 주인은 언제나 초조해했고, 새우가 땅에 떨어진 것만으로도 고함을 치던 점포였다. 점원은 바들바들 떨면서 가게 구석에 처박혀서 이따금 고객이 보일 때만 귀찮은 듯이 나왔다가 또다시 구석에 처박히는 상황이었다.

그런데 그 어물상이 어느 순간 갑자기 달라졌다. 우선 점원에게 생기가 생겼고, 그 즐거운 듯한 에너지에 끌려오듯 고객이 늘었으며, 점점 활기가 넘쳤다. 그러는 중이 기적 같은 변화의 비밀을 알고자 세계에서 취재가 쇄도하게 되었고, 지금은 세계적인 회사 중에서도 가장 많이 벤치마킹되는 기업이 되었다.

★ 성공의 비결은 '4가지 철학'

이 현대의 기적이라 불리는 어물상의 성공 비결은 '점원이 이런 식으로 일하고 싶다고 생각해서 실천한 것'이 '지금 시대의 고객이 업종·업태를 불문하고 점원과 세일즈 퍼슨에게 요구하는 것'에 합치한 것이다.

즉 고객의 행복과 일하는 사람의 행복이 함께 충족되는 윈윈 관계가 멋지게 이루어짐으로써 경이로운 매출 증가가 시작되었고, 서서히 기적 같은 일이 일어난 것이다.

그들은 자기들이 일하는 모습을 유머를 섞어서 '4가지 철학'이라고 부른다. 이를 살펴보면 다음과 같다.

⇨ 일을 즐긴다

보통 일과 놀이는 다른 것으로 생각하지만, 그들의 성공 계기는 일을 즐기는 것에서부터 시작되었다. 일에 놀이(마음)를 도입하자 즐거운 것은 물론이고 창조성과 문제해결 능력이 높아져서 생산성이 오른 것이다.

그리고 자기가 즐거우면 고객과 다른 종업원을 즐겁게 할 수 있고, 선순환이 이루어지면서 시간조차 짧게 느껴진다고 그들은 말한다.

⇨ 고객을 즐겁게 한다

경제란 에너지를 교환한 결과 생겨나는 것이다. 좋은 에너지를 발생시키면, 그것이 좋은 경제로 되돌아오며, 좋지 않은 에너지를 발생시키면 사람도 경제도 멀어진다는 사실은 세일즈 퍼슨이라면 한 번쯤 느낀 적이 있을 것이다.

당신이 보이는 웃음, 당신이 던진 사소한 말 한마디가 고객의 마음을 따뜻하게 하고, 밝게 하며, 고객의 하루를 바꾸는 경우조차 있다.

⇨ 고객과 마주 본다

고객에게 마음을 기울이고, 고객의 말에 귀를 기울이고, 표정의 변화와 사소한 행동에서 진심을 읽으려고, 고객을 더욱 알려고 하는 것이다.

예를 들면 신차가 발표되어 그것을 구경하러 전시장에 온 고객에게 시승차의 문을 열어 실내를 보여주면서 새로운 기능을 설명한다고 하자. 그 이야기를 들으면서 아주머니가 손을 가죽 시트에 대는 것을 보았다면 아주머니의 흥미가 가죽 시트에 있다는 것을 알 수 있다.

그런 것을 놓치지 않는 자세가 고객과 마주 보는 것이다.

⇨ 태도를 고른다

생각대로 안 되는 것은 많다. 만원 전철에서 발을 밟히고 출근하면 오랜 출장에서 돌아온 상사에게 열흘이나 그 전의 작은 실수에 대해 장황한 주의를 듣는다. 커피 마실 틈도 없이 회사에서 나와 방문한 고객 사무실에서는 전화 응대를 한 스태프의 말투가 공손하지 못하다고 질책을 받고, 점심때 들어간 식당에서는 웨이터가 물잔을 엎어서 셔츠가 젖어버린다.

나날이 일어나는 사건은 스스로 컨트롤할 수 없다. 그러나 사건과 부딪혔을 때 어떠한 태도를 취할 것인지는 스스로 선택할 수 있다. 기분이 나빠지거나 어두운 얼굴로 지나치는 것도 자기의 선택이고, 그것은 그렇게 일단락 짓고 기분을 전환하여 오후의 일에 임하는 것도 자기의 선택이다.

일어난 사건에 대한 자기의 감정이나 행동은 사고방식에 따라 바꿀 수 있다. 즉 태도는 스스로 선택할 수 있는 것이다.

★ 성공하는 리더의 3대 원칙

앞에서 말한 4가지 철학을 실천하는 어물상의 리더십에는 3대 원칙이 있다.

⇨ 비전에 참가한다

팀이 마음을 하나로 모을 수 있는 명확한 비전을 가지고 있고, 멤버 전원이 그것을 '자기의 비전'으로 생각하며 행동하는 지침으로 삼으면 팀의 시너지 효과가 올라간다.

비전은 회사의 수첩 속에 인쇄되어 있거나 벽에 걸려 있는 것만으로는 살아나지 않는다. 팀 멤버가 비전을 알기 쉽게 생각하면 동기가 높아지며, 비전이 어떻게 행동하면 좋은가 하는 지침이 될 때 비로소 살아난다. 이것이 비전에 동참한 상태다.

리더는 자기의 팀 멤버에게 이러한 참여가 가능하도록 하는 것이 중요하다고 업무상의 사례를 가르쳐준다.

⇨ 태도를 보인다

비전이 정해지면 그것을 드러내는 행동이 언제나 가능하도록 리더는 주의한다.

행동으로 드러내면 주변에 큰 영향을 준다. 리더 자신은 물론 팀 멤버도 그렇게 행동하면 시너지 효과가 올라가는 것이다.

⇨ 서로 코치한다

코치라면 일반적으로는 상사가 부하 직원에게 하는 것이라고 생각하지만, 이 어물상에서는 부하 직원이 상사를 코치하는 것도 동시에 한다. 즉 경력이나 연령 등과는 무관하게 어떤 기술에 관해서 기술 수준이 높은 사람이 아직 그렇지 못한 사람을 가르치는 것이다.

자기가 직접 할 일은 아니라고 생각하는 사람도 있을 텐데, 서로 코치하는 수평한 관계가 되면 될수록 코칭이라는 육성 방법이 더욱더 필요해진다.

> **마법의 대화법**
>
> 지금은 이제부터 시작되는 새로운 시대의 리더십을 찾을 때다. 성공 사례 등을 참고하면서 자기 나름의 리더십을 명확히 발휘하면 팀의 시너지 효과가 올라간다.

PMD법으로 팀 전체의
행동계획력을 높인다

✷ 회의 때문에 소모되지는 않는가

'회의가 많아서 피곤하다.'

'회의실이 좁아서 부랴부랴 증설했다.'

'아침부터 회의, 회의의 연속으로 내 일을 할 수 있는 것은 저녁 무렵이나 되어서다.'

'한 번 회의를 시작하면 2시간은 기본이다.'

'회의 종료 시간이 미리 정해져 있지 않다.'

'회의 전에 미리 안건을 보내지 않는다.'

'무엇인가 곤란한 일이 있으면 오히려 모이라고 하여 회의가 늘어난다.'

'회의 내용은 숫자 보고만 있을 뿐으로 이런 회의는 없어도 좋다고 생각한다.'

'회의 시간의 반 이상은 숫자 때문에 질책당하다가 끝난다.'

'의장이 의견을 구해도 발언하는 사람은 언제나 정해진 한두 명. 나머지는 아무것도 말하지 않는다.'

'낭비적인 회의가 많아서 잔업을 하게 된다.'

'무엇이 결정되는 회의, 적극적인 회의, 해서 좋았던 회의가 별로 없다.'

'회의라는 말만으로도 짜증이 난다.'

'무의미한 회의 때문에 피곤해져서, 업무 효율이 떨어진다.'

이런 말을 매일 듣는다. 또한 고객 사무실에서 회의에 동석하면 책상 위의 PC로 의사록을 치는 것처럼 보이지만 사실 다른 자료를 작성하는 사람도 적지 않다. 전체적으로 보면 매일 비생산적인 일로 시간이 낭비되고 있다고 생각해도 별 수 없다.

★ 그 회의는 정말로 필요한가

영업 회의에서는 단시간에 효율직·적극적·전향적으로 정보를 수집하거나, 구체안을 정책으로 삼거나 액션 플랜(실행 계획)을 결정하지 않으면 안 된다. 또한 회의가 끝난 뒤에는 결정한 사항이 실행될 수 있도록 해야 한다.

그것은 우연히 회의를 하는 것만으로는 실현될 수 없다. 적어도 다음의 5가지 포인트로 그 영업 조직에 적합한 기술을 사용하여 액션을 취하는 것이 중요하다.

① 회의 특성이나 회의 소집에 걸리는 전체 비용을 파악하여 회의에서 해야 할 것과 메일 등으로 할 수 있는 것을 구분한다.

② 회의를 하기로 결정했으면 회의의 목적이나 목표, 의제를 명확하게 한 아젠다를 적절한 시기에 배포하고, 사전 준비와 의제 추가 등의 액션을 촉진한다.

③ 회의가 시작되면 의장은 사회자로서 기술을 발휘하여 참가자들이 건설적인 의견을 밝힐 수 있도록 효과적인 액션을 취한다.

④ 종료 시간이 가까워지면 목표 달성도를 확인하고, 반드시 시간 내에 종료한다.

⑤ 결정된 사항이 업무 중에 실행될 수 있도록 구체적인 아젠다를 제시한다.

★ 모든 사람의 의견이 15분 안에 나오게 하는 PMD법

여기에서는 ③에 유용한 기술의 하나인 PMD법을 소개하겠다. 문제 해결을 목적으로 하는 회의에서 무엇을 해야 좋을지 검토할 때, PMD법은 15분 안에 참가자 전원의 의견을 모을 수 있다. 그리고 그 뒤 30분 정도 안에 그것을 반영한 '액션 플랜'을 전원 일치로 완성할 수 있다.

★ PMD법은 이렇게 한다

① 여러 장의 A4 용지를 16등분(또는 그 이상)하여 준비해둔다.

② 목표를 향해 필요하다고 생각하는 액션을 참가자 전원이 각자 15분 동안 ①의 용지에 쓴다. 문장은 '○○를 △△한다'는 표현으로 하여 용지 한 장에 한 문장을 쓴다.

③ 15분이 경과한 뒤 모든 사람이 쓴 용지를 모아서 테이블 가운데에 둔다. 그리고 모든 용지를 시계열에 따라 늘어놓는다. 늘어놓은 것을 큰 모조지에 테이프로 붙인다. 이때 시간의 흐름은 아래를 현재, 위를 미래로

한다.

※ 'OO를 △△한다'는 기록이므로 같은 흐름에 있는 액션 플랜이라면 종이 두 장에 반드시 그 전후 관계가 보일 것이다.

전후 관계가 없으면 다른 흐름의 액션 플랜이 된다. 즉 모조지에는 목표를 향해 복수의 액션 플랜이 나란히 붙는 것이다.

④ 액션이 충분하지 않다고 느껴지면 더 쓰면서 진행해 목표를 향한 복수의 액션 플랜을 도출한다.

이것은 예산이나 시간이 제약된 상황에서 미션을 달성할 때 사용하는 방법이다. 구체적이고 상세한 액션 플랜을 단시간에 도출하여 시계열로 정리하는 작업을 단숨에 처리할 수 있다는 점에서 획기적인 방법이라고 할 수 있다.

또한 회의에서 발언하는 사람이 한정되어 있고, 다른 사람들은 대부분 발언하지 않은 채 회의가 끝나버리는 조직에서는 회의에 참석한 모든 사람의 의견을 모을 수 있어 더욱 매력이 있다.

> **마법의 대화법**
>
> 회의는 정말로 필요한 것만 하고, 실시 준비단계에서 종료 뒤의 실행까지 제대로 수행한다. 문제 해결 회의에서는 PMD법을 사용하면 상세한 액션 플랜을 단시간에 재미있게 도출할 수 있다.

맺음말

 이 책을 읽는 여러분은 비즈니스 현장의 '사람'이나 그 사람이 만든 '인간관계'가 위태로운 것을 알아서 뭔가 손을 대지 않으면 안 되겠다고 걱정하고 있지는 않은가? 유감스럽게도 들어오는 상담은 해마다 심각해지고 복잡해지고 있다. 이러한 상황에서 어떻게 하면 개인적으로 활력 있게 생산성을 높일 수 있을까?

 작년에 K라는 30대 초반의 세일즈 퍼슨의 교육을 담당했다. 조직 풍토가 다른 회사에 전직한 지 몇 년, 벽에 부딪히는 경우도 여러 차례였을 것이다. 5분에 한 번은 '피곤했다', '어렵다'는 '부정적인 말'이 무의식적으로 튀어나오는 상태였다.

 어느 날 자기 말버릇을 깨닫게 된 K씨는 '부정적인 말'을 그만하려고 결심했다. 그만한다고 해도 오랜 시간 몸에 밴 것이어서 즉시 그만둘 수 없었다.

그리고 K씨는 이런 것을 시작했다. '부정적인 말'을 할 것 같으면, 그것을 약간 덜한 다른 말로 바꾸는 것이다. 급하게 긍정적인 말로 바꾸는 것도 다소 저항이 있어서 부정적인 뉘앙스가 적은 말로 바꾼 것이다. 그것을 2, 3개월 동안 의식적으로 했다.

그러자 처음에는 어색했지만, 몇 달 지나서 만나니 '나는 부정적인 말을 다시는 사용하지 않는다!'고 보고했다. 그리고 몇 달이 더 흐른 뒤, 다른 일로 그 회사 사장에게 사내 하이퍼포머에 대해서 묻자 네 번째 베스트로 K씨의 이름을 드는 것이었다.

여기서 한번 같이 생각해보자.

당신이 매일 무의식적으로 사용하는 부정적인 말을 줄이는 것이 얼마나 큰 영향을 고객에게, 당신에게, 주변 사람들에게, 가족에게 미칠까? 그것만으로도 커다란 변화인데다, 거기에 더하여 이 책에서 소개한 커뮤니케이션 기술을 한 가지라도 사용하면 지금까지와는 다른 어떤 좋은 일이 일어날 것이다. 시작하는 것에 비용이 들 걱정도 할 필요가 없다. 지금 당신이 선택하기만 하면 된다. 예전에 K씨가 그랬던 것처럼.

중앙경제평론사
중앙생활사

Joongang Economy Publishing Co./Joongang Life Publishing Co.

중앙경제평론사는 오늘보다 나은 내일을 창조한다는 신념 아래 설립된 경제·경영서 전문 출판사로서 성공을 꿈꾸는 직장인, 경영인에게 전문지식과 자기계발의 지혜를 주는 책을 발간하고 있습니다.

고객을 감동시키는 마법의 대화법

초판 1쇄 발행 | 2006년 7월 28일
초판 5쇄 발행 | 2010년 9월 15일

지은이 | 무로후시 준코(室伏順子)
옮긴이 | 정택상(Taegsang Jeong)
펴낸이 | 최점옥(Jeomog Choi)
펴낸곳 | 중앙경제평론사(Joongang Economy Publishing Co.)

대　표 | 김용주
편　집 | 한옥수·최진호
기　획 | 정두철
디자인 | 이여비
마케팅 | 김치성·신　현
관　리 | 김영진
인터넷 | 김회승

출력 | 국제피알　종이 | 타라유통　인쇄·제본 | 태성문화사

잘못된 책은 바꾸어 드립니다.
가격은 표지 뒷면에 있습니다.

ISBN 978-89-88486-97-9(04320)
ISBN 978-89-88486-78-8(세트)

원서명 | お客さまを感動させる魔法の話し方

등록 | 1991년 4월 10일 제2-1153호
주소 | ⓟ 100-789 서울시 중구 왕십리길 160(신당5동 171) 도로교통공단 신관 4층
전화 | (02)2253-4463(代) 팩스 | (02)2253-7988
홈페이지 | www.japub.co.kr 이메일 | japub@naver.com | japub21@empal.com

♣ 중앙경제평론사는 중앙생활사·중앙에듀북스와 자매회사입니다.

이 책은 중앙경제평론사가 저작권자와의 계약에 따라 발행한 것이므로 본사의 서면 허락 없이는 어떠한 형태나 수단으로도 이 책의 내용을 이용하지 못합니다.

▶홈페이지에서 구입하시면 많은 혜택이 있습니다.

※ 이 도서의 국립중앙도서관 출판시도서목록(CIP)은 e-CIP 홈페이지(www.nl.go.kr/cip.php)에서 이용하실 수 있습니다.(CIP제어번호: CIP2006001443)